DAS GROSSE BUCH VOM ÖL

Stefan Becht   Jürgen Legath

DAS GROSSE BUCH VOM ÖL

AT Verlag

© 1989
AT Verlag Aarau/Schweiz
Gesamtherstellung: Grafische Betriebe
Aargauer Tagblatt AG, Aarau
Printed in Switzerland

ISBN 3-85502-355-7

INHALT

Geschichte und Geschichten
9000 Jahre alt – die Geschichte
des Ölbaumes   6
Ein Geschenk der Götter – das Öl
in Religion und Mythologie   12

Anbaugebiete
Öl ist gespeicherte Sonnenenergie   16

Ätherische Öle
Besser einige im Tee
als im Schnaps   18

Öl und Fette
Was ist eigentlich die Linolsäure?   23
Es lebe das Öl   26

Die Ölpflanzen
Öl aus Früchten, Samen, Kernen
und Keimen   28

Die Margarine
Eine Perle für Napoleon –
die Margarine   62

Öl und Technik
Gepresst und geschlagen, warm
und kalt, rein und raffiniert   66
Kühl und dunkel – Lagerung
und Verpackung von Öl   73

Rezepte
Vom Umgang mit Speiseöl   75
Suppen   76
Kalte und warme Vorspeisen   78
Salate   80
Beilagen   84
Fisch und Fleisch   87
Pizzen, Nudeln, Fladenbrot,
Pfannkuchen   90
Dressings und Saucen   93

Adressen
und Produkteverzeichnis   99

Stichwortregister   105

9000 JAHRE ALT –
DIE GESCHICHTE
DES ÖLBAUMES

Die Geschichte des Olivenbaumes ist eng verbunden mit der Geschichte der Menschheit, denn das Öl gehört seit Jahrtausenden zu den Grundnahrungsmitteln der Menschen. Nomadenvölker wurden sesshaft, Kontinente wurden entdeckt und fruchtbar gemacht, Zivilisationen entwickelten sich und zerfielen, alte Kulturen wurden von neuen abgelöst. Geblieben ist eines der wertvollsten Geschenke der Natur an den Menschen: der Ölbaum, aus dessen Früchten das Olivenöl gewonnen wird. Es wird angenommen, dass Kleinasien und die Inseln der

Ägäis (Kreta, die Kykladen und die Sporaden) die ursprüngliche Heimat des Olivenbaumes sind.

Forschungen hingegen haben nachgewiesen, dass der Ölbaum in Afrika schon in der Jungsteinzeit wuchs. Bei archäologischen Ausgrabungen in Nordafrika sind Fossilien von Olivenblättern gefunden worden, die aus der neolithischen Epoche (5000 v. Chr.) stammen. Damals waren die Oliven sicher noch wildwachsende Bäume.

In dem im Jahre 1984 gegründeten «Israel Oil Industry Museum» in Haifa können Mühlsteine besichtigt werden, die bereits von einer Kultivierung des Olivenbaumes in der Eisenzeit zeugen. Die Steine wiegen zum Teil über drei Tonnen. Sie wurden im arabischen Dorf Tel Mique ausgegraben. Es liegt an der Stelle, an der früher die bereits in der Bibel erwähnte Philisterstadt Ekron stand. Die verschiedenen Ruinen in diesem Dorf lassen darauf schliessen, dass

Griechische Lekythos, Salbölkanne, aus dem 5. Jahrhundert vor Christus.

Auf dem ägyptischen Relief sind deutlich zwei Ölvasen zu erkennen.

dort schon damals Öl in grossen Mengen erzeugt wurde. Insgesamt dokumentiert das Ölmuseum in Haifa 9000 Jahre Geschichte und Kultur des Ölbaumes.

Im alten Königspalast von Minos auf Kreta sind bis zu vier Meter hohe Tongefässe gefunden worden, die der Öllagerung dienten. Und immer wieder entdeckt man auf verschiedenen Kunst- und Haushaltsgegenständen der mykenisch-minoischen Ära die Darstellung des Ölzweigs als Schmuck.

In der XIX. Ägyptischen Dynastie (1500 v. Chr.) wuchs der Olivenbaum in den Oasen Libyens und auf den Inseln der Ägäis. Das aus den Oliven gewonnene Öl diente nicht nur als Nahrung, sondern auch als Heilmittel und zur Schönheitspflege. Die Ägypter salbten damit ihr Haupthaar, Gesicht und Füsse, um rein vor ihren Gottheiten zu erscheinen. Kekrops, der erste König von Attika, brachte den Ölbaum 1582 v. Chr. nach Griechenland. Den Griechen war dieser Baum, wie übrigens auch der Weinstock, heilig, da man ihm göttlichen Ursprung nachsagte. Das Roden eines Olivenbaumes stand unter Todesstrafe. Selbst über seine eigenen Olivenbäume konnte ein Bauer damals nicht frei verfügen. Nicht mehr als zwei pro Jahr durfte er verpflanzen, sonst drohte eine Geldstrafe von 2000 Drachmen.

Auch im alten Griechenland war Öl nicht nur eines der Hauptnahrungsmittel. Es

wurde sozusagen als Universalmittel gegen alle möglichen Beschwerden und Krankheiten eingesetzt, von Bauchkrämpfen über Muskelkater bis zum Zahnfleischbluten. Ausserdem diente es den Damen als Basis für diverse kosmetische Mittel und Badelotionen. Es brannte in den Lampen und in den heiligen Opferschalen, die vor den Toren der Tempel standen. Und bei der Geburt eines Sohnes wurde ein Ölzweig an die Tür geheftet.

Der Olivenbaum war ein überaus wichtiger Wirtschaftsfaktor im Aussenhandel der Hellenen. Er verhalf den griechischen Kolonien zum Beispiel zu Handelsbeziehungen mit den Nomaden der russischen Steppe.

Griechen und Phönizier brachten den Ölbaum in ihrem Gepäck mit zu den neugegründeten Kolonien in Italien und Südfrankreich. Jahrhunderte später übernahmen die Römer von ihnen die Kulturen und auch die Ehrerbietung für diese Pflanze. Denn auch im Römischen Reich galt der Olivenbaum als heilig. Der römische Agronom und Schriftsteller Columella schrieb: «Der Ölbaum ist der erste unter allen Bäumen.» Seine Wertschätzung war so hoch, dass er auch als Grenzmarkierung gepflanzt wurde. Auf einem pompejischen Mosaik findet man Ernteszenen und den Pressvorgang der damaligen Zeit dokumentiert. Sie sind praktisch die gleichen wie heute.

Alte, jedoch fast vollständig erhaltene Ölmühle im Herzen Griechenlands.

Olivenpflücker bei der Arbeit, Zeichnung auf einer römischen Amphore.

Vom Pflücken, Aufsammeln, Pressen bis zum Transportieren und in Tonkrügen Lagern: immer spielte Öl eine zentrale Rolle im Leben der Menschen.

Eine römische Amphore im Britischen Museum zeigt Ernteszenen, wie wir sie heute noch in den Olivenhainen Italiens beobachten können: Ein Mann sitzt im Olivenbaum, zwei stehen mit einem langen Stock darunter und schlagen die Früchte vom Baum, und der dritte sammelt sie vom Boden auf in den Korb.

Schon lange bevor die Römer den Norden Afrikas kolonisierten, gab es hier Olivenkulturen. Die biblischen Könige David und Salomon haben die Olivenhaine ihrer Länder sogar unter sehr spezielle Bewachung gestellt: Nur Jungfrauen und keusche junge Männer durften sie pflegen.

Aber erst die Römer sorgten dafür, dass die Pflanze in ihrem heutigen Anbaugebiet heimisch wurde: Sie dehnten die Kultivierung konsequent auf ihr gesamtes Einflussgebiet aus. Römische Bürger konnten sich sogar von der ersten Bürgerpflicht, dem Militärdienst, befreien lassen, wenn sie einige Hektar Land mit Olivenbäumen bepflanzten.

In Plutarchs Werk «Cäsar» ist nachzulesen, dass die Ölproduktion während Cäsars Herrschaft so gross war, dass darauf eine jährliche Steuer von 3 Millionen Pfund erhoben werden konnte.

Die Expansion des Handels brachte im Laufe der Jahrhunderte den Olivenbaum nach Sizilien, Südfrankreich, Tunesien, Algerien und Marokko.

Im 16. Jahrhundert sorgten dann die spanischen Caravellen des Christoph Kolumbus dafür, dass sich der Olivenbaum von 1560 an auch in der Neuen Welt etablieren konnte. Bald fand man Ölbäume in Peru, auf den westindischen Inseln, in Chile, Argentinien, Mexiko und Kalifornien. Und in der Neuzeit wanderte der Olivenbaum schliesslich nach Südafrika und Australien. Heute wächst er sogar in so fernen Ländern wie Japan und China.

Ausschnitt (Nordplatte) aus den bekannten Malereien in Paestum. Die Köpfe der Dargestellten sind mit Kränzen aus Olivenzweigen geschmückt, neben den Trinkschalen liegen weitere Zweige – hier wird dem römischen Glauben Rechnung getragen, Götter könnten nur unter Olivenbäumen geboren werden.

EIN GESCHENK DER GÖTTER – DAS ÖL IN RELIGION UND MYTHOLOGIE

In allen Zivilisationen war den Menschen das Öl heilig. Darum benutzten sie es bei vielen ihrer religiösen Rituale und für ihre Opfer.

Die Bibel ist voll von Hinweisen auf die symbolträchtige Bedeutung des Olivenzweiges. Was brachte zum Beispiel die von Noah ausgesandte Taube in ihrem Schnabel zurück, zum Zeichen, dass die Sintflut vorbei war und Gott sich wieder mit der Menschheit versöhnt hatte? Natürlich einen Olivenzweig.

Alle Opfergaben, die das Volk Israel seinem eifersüchtigen Gott Jahwe darbrachte, mussten in rituellen Handlungen mit kostbarem Olivenöl zubereitet werden.

Auch Abraham hat seinen Sohn Isaak zuerst mit Öl gesalbt, bevor er ihn auf dem Altar beinahe geopfert hätte. Mit gesegnetem Öl salbten die Propheten des Alten Testaments die Könige Israels. Und der junge David wurde von Samuel mit Öl vom Hirten zum König gemacht. Noch heute wird in der katholischen

Statue der ägyptischen Göttin Isis.

Kirche gesegnetes Olivenöl für die Priesterweihe, die Taufe und die sogenannte «letzte Ölung» verwendet.

Die Tradition wird auch im Neuen Testament fortgesetzt: Öl und Wein giesst der barmherzige Samariter in die Wunden des von Räubern arg zugerichteten Wanderers.

Olivenbäume waren die stummen Gefährten Jesu Christi, als er sich auf seine Qualen vorbereitete. Denn die letzte Nacht vor seiner Kreuzigung verbrachte er im Garten Gethsemane, «am Fusse des Ölbergs». Noch heute stehen dort acht prachtvolle Olivenbäume, zwanzig Meter hoch und mit einem Stammumfang von gut fünf Metern. Sind es die gleichen, unter denen Christi Jünger einschliefen, bevor Judas den verräterischen Kuss gab?

Auch der Koran spricht in der 23. Sure (Vers 20) von einem Baum, der vom Berg Sinai stammt und aus dem Öl gewonnen wird. Und auch Allah wird dafür in der 24. Sure (Vers 35) wortreich gedankt.

Bei den alten Ägyptern, vor mehr als 6000 Jahren, war es Isis, die Gattin des Obergottes Osiris, der der Dank galt. Denn damals glaubte man, dass sie den Menschen beigebracht hatte, den Olivenbaum zu kultivieren.

In der griechischen Mythologie kommt diese Ehre Pallas Athene, der Tochter des Zeus, zu. Von ihr wurde behauptet, dass sie in voller kriegerischer Rüstung dem Gehirn ihres Vaters entsprungen sei. Sie galt

darum auch als Göttin der Weisheit.

Bei der Gründung Attikas stritt sie mit Poseidon um die Herrschaft über die Stadt Athen. Beide versuchten, sich vor Gottvater – Zeus – aufzuspielen, um einander auszustechen. Poseidon schlug mit seinem Dreizack auf den Felsen, auf dem später die Akro-

polis erbaut wurde, und siehe da, eine Quelle entsprang, aber sie war leider salzig. Die kluge Athene hingegen, Patronin der Kunst und Wissenschaft, legte lieber eine Olive in den fruchtbaren Boden, aus der der heilige Ölbaum wuchs. Zeus war klug genug, sich für Athene zu entscheiden. Denn salziges Wasser

gab es rund um Griechenland ja wirklich schon genug. Öl hingegen spendete Licht in der dunklen Nacht, konnte Wunden heilen, war ausserdem eine wohlschmeckende Speise und eine wertvolle Quelle der Energie für die Menschen.

Also wurde Athene auf der Akropolis im Parthenon angebetet. Dort soll sie als Elfenbeinstatue, über und über mit Gold verziert, gestanden haben. Im Erechtheion aber, einem anderen Tempel auf der Akropolis, der dem der Erde entsprungenen König Erechtheus, einem Schützling der Athene, gewidmet war, war sie passenderweise aus Olivenholz geschnitzt und galt in dieser bescheidenen Version als Beschützerin der Armen. Aber auch andere Gottheiten wurden zur Zeit von Achilles und Homer oft aus dem harten Holz des Olivenbaumes geschnitzt.

Der Sage nach soll Herakles, der Gründer der Olympischen Spiele, den Olivenbaum in Olympia gepflanzt haben. Er steckte dazu einfach seinen

Goldener Totenkranz aus Ölbaumblättern und Oliven aus dem 3. Jahrhundert n. Chr.

Die griechische Göttin Pallas Athene, Tochter des Zeus und Schutzgöttin der Oliven.

Stab in die Erde. Und der bildete Wurzeln und schlug aus. Darum war es in Olympia Brauch, den Kopf des Siegers bei den sportlichen Wettkämpfen mit einem Kranz aus Olivenzweigen zu schmücken. Viele griechische Philosophen haben die wohltuende Wirkung des Olivenöls in ihren Schriften erwähnt. Demokrit zum Beispiel, der über neunzig Jahre alt wurde, verriet sein Geheimrezept: «innerlich Honig, äusserlich Öl».

Und als der Eroberer Xerxes die Akropolis in Schutt und Asche gelegt hatte, wuchsen aus den Ruinen als erstes neue Triebe an den heiligen Olivenbäumen: für Griechen natürlich ein positives Symbol, es

konnte also nun wieder aufwärtsgehen.

In der hellenischen Mythologie hiess es, die Nachkommen der Götter könnten nur unter Olivenbäumen geboren werden. Die Römer haben diese Auffassung übernommen, und darum galt es bei ihnen als sicher, dass die Gründer Roms, Romulus und Remus – Abkömmlinge von Göttern – unter den Ästen eines Olivenbaumes zur Welt gebracht wurden.

Die Rolle der Pallas Athene fiel bei den Römern der Göttin Minerva zu. Sie war die Beschützerin des Ölbaumes.

Auch die keltischen Druiden besprengten bei ihren religiösen Zeremonien die Menhire ihrer Kultstätten mit Blut und Öl. Und wahrscheinlich gehören auch ein paar Tropfen Olivenöl in den von Miraculix vorbereiteten Zaubertrank... Für die bildende Kunst war der Olivenbaum bis zur Neuzeit eine Herausforderung. Schon immer waren Maler von dem Licht fasziniert, das sich auf ganz eigentümliche, fast magische Weise in den Blättern dieses Baumes bricht. In den Bildern von van Gogh ist das Flimmern, hervorgerufen durch den Kontrast zwischen der dunklen Oberfläche und der silbrig schimmernden Unterseite der Olivenblätter, besonders wirkungsvoll festgehalten.

Vincent van Goghs Olivenhaine vom Juni 1889.

Die verschiedenen Ölpflanzen und ihre Anbaugebiete.

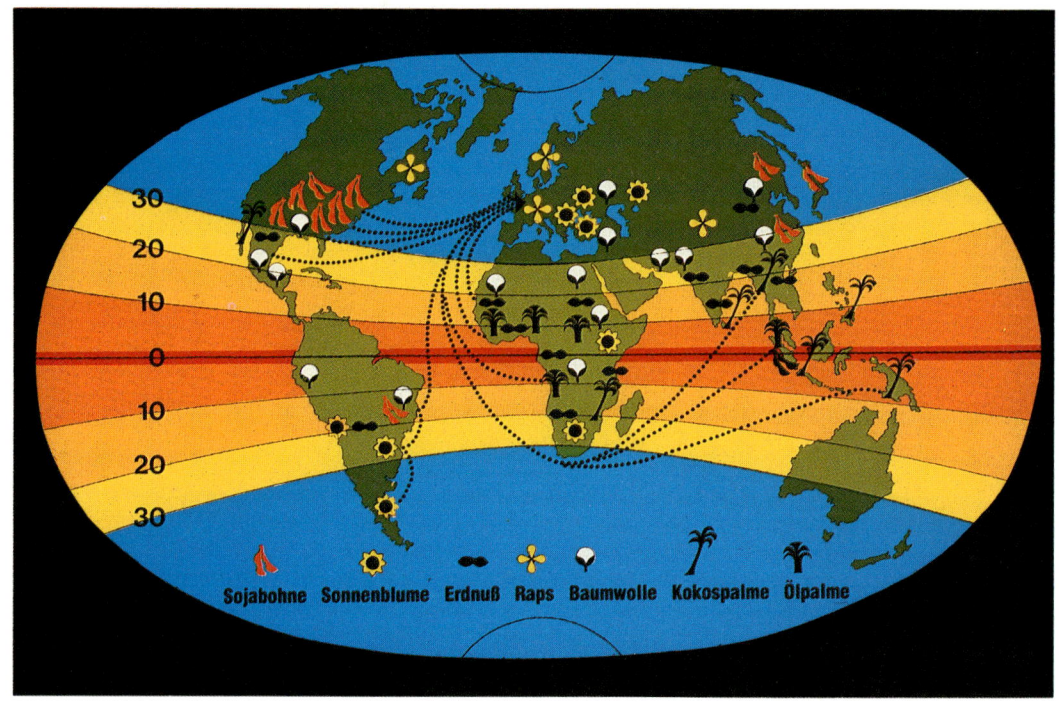

Sojabohne Sonnenblume Erdnuß Raps Baumwolle Kokospalme Ölpalme

Die verschiedenen Ölpflanzen und ihre Anbaugebiete.

ÖL IST GESPEICHERTE SONNENENERGIE

Die Anbaugebiete der Ölpflanzen

Fast alle Pflanzen produzieren Öle oder Fette. Allerdings in sehr unterschiedlichen Mengen. Aber nur wenige dieser Öle werden für die menschliche Ernährung genutzt. Die wichtigsten davon sind das Öl der Sojabohne, das Sonnenblumenöl, das Olivenöl, das Erdnussöl und das Kokosfett.

Diese Pflanzen werden inzwischen in den unterschiedlichsten Ländern und auf fast allen Kontinenten der Erde kultiviert. Aber eines haben alle Ölpflanzen gemeinsam: Sie brauchen viel Sonne! Denn zur Erzeugung der organischen Stoffe Eiweiss, Kohlenhydrat und Fett braucht eine Pflanze Energie. Und diese entnimmt sie direkt dem Sonnenlicht. Je intensiver die Sonnenstrahlung, desto mehr Fett kann die Pflanze produzieren. Diesen chemisch-biologischen Vorgang nennt man «Photosynthese».

So sorgt die Sonne dafür, dass im sogenannten «Sonnengürtel» der Erde zwischen den beiden Wendekreisen die ölhaltigsten der tropischen Ölpflanzen wachsen: die Ölpalme und die Erdnusspflanze. Deren Früchte haben einen Ölgehalt von 40 bis 70%.

Das Fett und Öl in den Samen und Früchten ist der natürliche Schutz einer Pflanze gegen hohe Temperaturen. Darum gilt als grobe Faustregel: Wo Ölpflanzen wachsen, ist das Klima immer warm und sonnig.

Der Olivenbaum, der hauptsächlich in den Ländern rund ums Mittelmeer, einschliesslich Nordafrikas und des Nahen Ostens, zwischen dem 25. und 45. Breitengrad zu Hause ist, hat dem dort herrschenden, milden Klima sogar seinen Namen gegeben. Das sogenannte «Ölbaumklima» zeichnet sich durch seine Ausgeglichenheit aus! Milde, feuchte Winter folgen auf warme, trockene Sommer. Dort, wo Olivenbäume wachsen, sinkt die Temperatur im Winter im allgemeinen nie unter 12 °C. Bei niedrigeren Temperaturen würde dieser immergrüne Baum sterben.

Plötzliche Kälteeinbrüche in den mediterranen Ländern führen daher oft zu landwirtschaftlichen Katastrophen. Ein aussergewöhnlich harter Winter im Jahre 1956 zum Beispiel vernichtete drei Viertel aller Olivenbäume Südfrankreichs. Bis heute ist der Bestand wieder auf 6 Millionen angewachsen. 1985 starben in der Toskana, als die Temperaturen unüblicherweise mehrere Tage lang unter −20 °C sanken, 18 von insgesamt 22 Millionen Olivenbäumen. Die Wiederaufforstung wird noch etliche Jahre in Anspruch nehmen.

In Italien wachsen die Olivenbäume hauptsächlich in den

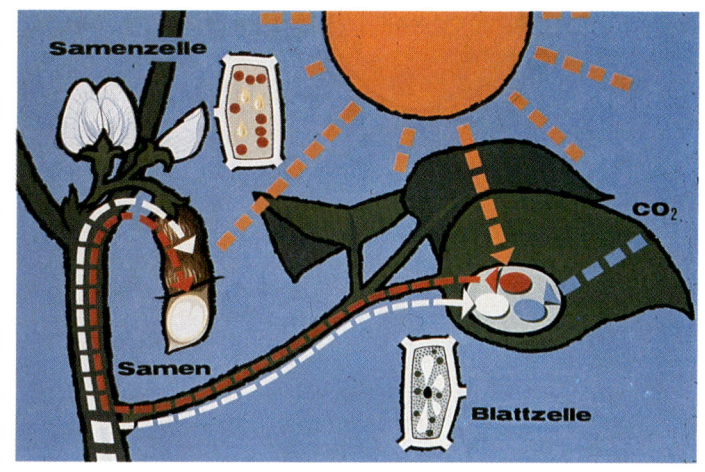

Photosynthese und Fettbildung am Beispiel der Sojapflanze.

Küstenregionen der Adria, von Ravenna bis Apulien und am Tyrrhenischen Meer von Ligurien bis hinunter zur Spitze des italienischen Stiefels. Aber auch in der Toskana und in Umbrien gedeiht der Ölbaum gut. Besonders berühmt für Reinheit und exzellenten Geschmack ist das Öl der Toskana und Liguriens.

In Griechenland wächst der Ölbaum, ausser in der thessalischen Ebene und in den raueren Gebirgen im Inneren des Landes, fast überall: nämlich von Epirus über Attika und Korinth bis zum Peloponnes.

In Spanien, dem nach wie vor grössten Olivenanbauland – mit ca. 300 Millionen Olivenbäumen –, hat sich der Anbau besonders auf die Gegend um Málaga konzentriert. Die schönsten Olivenbäume findet man in der Sierra Alahama, zwischen Málaga und

Granada. Hier erzeugen ihre flirrenden silbrig-grünen Blätter, die das Sonnenlicht reflektieren, im Kontrast zu der ansonsten nackten roten Erde einen fast einmaligen ästhetischen Effekt.

Ausser den Oliven wachsen an ölproduzierenden Pflanzen in Europa noch grosse Mengen Sonnenblumen (vor allem in der UdSSR), Sojabohnen, Baumwolle und Raps. Auch Nord- und Südamerika liefern vor allem die Sojabohnen für das Sojaöl und Sonnenblumenkerne, aber darüber hinaus auch Baumwollsaat, Saflor bzw. Disteln und Erdnüsse. Aus Kalifornien kommt neuerdings das noch fast unbekannte Avocadoöl.

In Afrika findet man vorwiegend Ölpalmen und Erdnüsse, und Südostasien schliesslich liefert neben den obengenannten Sorten auch noch Sesam.

Aus den Schalen der Orangen, Mandarinen, Grapefruits, Zitronen und Limetten werden ätherische Öle, in diesem Fall «Citrus-Essenzen», gewonnen.

BESSER EINIGE IM TEE – ALS IM SCHNAPS

Es gibt eine ganze Reihe von Ölen, die wir als solche gar nicht wahrnehmen, weil uns ihr Duft, ihr Geschmack und oft auch ihre heilende Wirkung hauptsächlich in Form von Bonbons, Tees, Schnäpsen und Likören, als Salben oder als Parfüms begegnen. Manchmal verschmelzen sie gar zu einer wohlschmeckenden Gewürzmischung in einer raffinierten Speise. Die Rede ist von den «ätherischen Ölen», die so genannt werden, weil sie, obwohl sie stark duften, doch sehr zart und flüchtig sind.

Für die alten Griechen war «Aither», die Himmelsluft, der Sitz der Götterseelen. Etwas, das man nicht sehen konnte, was dennoch vorhanden und deutlich spürbar war. Die ätherischen Öle sind, wenn man so will, die Seele der jeweiligen Pflanzen und Kräuter, aus denen sie gewonnen werden. Diese Öle werden nicht nur den Samen entzogen, sondern auch den Blüten und Blättern, den Stengeln, Wurzeln und Fruchtschalen vieler dieser Gewächse. Mit ihrem starken Duft

Blühender Baldrian.

locken Anis, Baldrian, Fenchel, Minze, Salbei, Rosmarin, Eukalyptus und Lavendel, um nur die bekanntesten zu nennen, die Insekten an. Während sich diese vom Nektar der Blütenstände ernähren, sorgen sie gleichzeitig für die Bestäubung.

Ätherische Öle haben also zunächst einmal eine biologische Funktion. Aber schon sehr früh wurden auch die Menschen von diesen wohlriechenden Düften angelockt und betört. Hexenmeister und

Priester, Medizinmänner und Frauen entdeckten schnell die wohltuende, heilende und auch erregende Wirkung dieser Öle für die Medizin, die Kosmetik und für die Küche. Die früher als magisch geltenden Eigenschaften vieler dieser Öle schrieben die Menschen zuerst den Kräutern und Pflanzen zu, deren Duft- und Wirkstoffe die Öle tragen. Jahrhundertelang wurden diese Kräuter als Aufgüsse, zum Einnehmen und Inhalieren, als Brei und Salbe, zum Einreiben oder einfach als Gewürz verwendet.

Erst später lernte man die ätherischen Öle und deren Wirkstoffe direkt aus der Pflanze zu destillieren. Damit konnten sie industriell in der Ernährungs-, Kosmetik- und Pharmaindustrie genutzt werden.

Aber sie wirken natürlich weiterhin genausogut direkt über die jeweilige Pflanze. Und Essenzen, Tees und Salben sind heute nach wie vor beliebte alternative Naturheil- und Pflegemittel. Jeder kennt die Standard-Diät Kamillentee und Zwieback bei Magenbeschwerden, die bewährten Baldriantropfen gegen Stress sowie Kampfer- oder Pfefferminzaufgüsse bei Schnupfen. Anis soll sogar gegen Schlaflosigkeit helfen. Das hat jedenfalls der römische Naturwissenschaftler Plinius in seiner «Naturalis historia» geschrieben. Seine Empfehlung: «Anis erleichtert schwere Träume, wenn man die Pflanze so über dem Kopf aufhängt, dass der Schlafende sie riecht.»

Am beliebtesten war und ist jedoch die ungesündeste Anwendung der ätherischen Öle (zumindest dann, wenn sie über die Massen genossen wird): Mit Alkohol versetzt als aromatische hochprozentige Schnäpse und Liköre, zum Beispiel Ouzo oder Raki (Anis), Pernod (Anis und Fenchel), Aquavit (Kümmel), Cointreau und Grand Marnier (Citrus).

Die pharmazeutische und die kosmetische Industrie verwendet heute hauptsächlich folgende Öle:

Anis, das wegen seiner verdauungsfördernden und krampflösenden Wirkung geschätzt wird. Hustenpastillen und Magensäfte werden mit dem ätherischen Öl des Anis angereichert. Sein eigentümlicher Geschmack gibt ausserdem Kuchen und Gebäck den beliebten herben Charakter.

Baldrian kennen wir hauptsächlich in flüssiger Form als Baldriantropfen. Das Öl wird bei dieser Pflanze direkt aus der Wurzel gewonnen und wirkt auch als Tee oder Umschlag gegen Aufregung und bei Migräne.

Citrus-Essenzen werden den Schalen der Orangen, Mandarinen, Grapefruits, Zitronen und Limetten entzogen. Man verwendet sie hauptsächlich als Würze für Speisen und Liköre (Cointreau, Grand Marnier).

Eukalyptus gehört zur Familie der Myrtengewächse. Sein «Oleum eucalypti» wird aus den immergrünen Blättern gewonnen und hilft uns gegen Schnupfen, Hals- und Kopfschmerzen.

Fencheltee und Fenchelhonig wirken lindernd bei Husten und auch gegen Blähungen.

Die ätherischen Öle, die aus der *Iris* (Schwertlilie), der *Rose* und dem *Sandelholz* gewonnen werden, finden hauptsächlich in der Parfümindustrie als Duftstoff Verwendung. Das Öl der Iris gewinnt man aus der Wurzel, während das intensive Sandelöl aus dem Holz des gleichnamigen westindischen Baumes gefiltert wird. Rosenöl dagegen wird aus den Blüten der «Rosa damascena» destilliert. 115 kg Rosenblätter braucht man, um 25 ml Öl zu gewinnen.

Die *Kamille* trägt ihre entzündungshemmenden und krampflösenden Wirkstoffe in den Blütenköpfen.

Kampfer wird aus dem Holz eines ostasiatischen Lorbeerbaumes destilliert. Das so gewonnene Kampferöl hilft bei rheumatischen Beschwerden und wirkt anregend bei niedrigem Blutdruck.

Die Essenz von *Lavendel* war schon bei den Römern bekannt und wurde vor allem als Parfüm und zur Schönheitspflege benutzt. Lavendelgeist hilft aber auch gegen Gicht- und Ischias-Schmerzen und

wirkt anregend bei Appetitlosigkeit und beruhigend bei Schlaflosigkeit.

Aus dem Samen des Strauches «Myristica fragrans», uns als *Muskatnuss* bekannt, wird ein sehr hoher Anteil eines ätherischen Öles (17 %) gewonnen. Es wird wegen seines Aromas hauptsächlich in der Küche benutzt.

Das Öl aus der *Gewürznelke* war schon sehr früh als mil-

dernde Salbe und als Betäubungsmittel bei Zahn- und Zahnfleischbeschwerden bekannt. Gewürznelken, die getrockneten Blütenknospen des Gewürznelkenbaumes, gehörten ausserdem zwingend in jeden Liebestrank...

Die *Pfefferminze* gehört zu unserem täglichen Leben. Ihr intensiver Mentholgeschmack ist uns aus diversen Zahnpasten, Mundwässern, Kaugum-

Pflanzen, deren ätherische Öle zu unserem täglichen Leben gehören: Anis (oben links) für Hustenpastillen, Kamille (oben rechts) für Tee, die Blätter des Eukalyptusbaums (unten links) für Hustensaft und Pfefferminze (unten rechts) für Mundwasser und Kaugummi.

*Rosmarin
(rechts) und
Thymian (links)
finden sowohl
in der Küche
wie in Badezu-
sätzen Verwen-
dung.*

mis, Bonbons, Tees und Likören vertraut.

Rosmarin und *Thymian* sind
inzwischen auch hierzulande
in jeder guten Küche unent-
behrlich. Als Badezusatz wirkt
Rosmarin ausserdem wahre
Wunder gegen Müdigkeit und
Anspannung und fördert die
Durchblutung.

Zimtöl wird aus der abge-
schälten Rinde eines Lorbeer-
strauches gewonnen, der auf
Sri Lanka wächst. Das Aroma
ist sowohl in der Küche als
auch in der Parfümindustrie
beliebt.

Öl ist Fett, und fett will keiner von uns werden. Ausserdem ist zuviel Fett ungesund. Soviel ungefähr wissen wir alle, und wir glauben, damit zumindest nicht grundsätzlich unrecht zu haben.

Natürlich möchten wir uns möglichst gesund ernähren, nicht zuletzt weil wir uns «entschieden haben, niemals dick zu werden», wie uns die Werbung nahelegt. Aber schmekken soll's natürlich auch, und zu viele Entbehrungen sollen mit einer gesunden Ernährung, bitte schön, nicht verbunden sein.

Dann stehen wir in einem Geschäft vor den vollen Regalen. Als verantwortungsbewusste Käufer legen wir Wert darauf, informiert zu sein. Nicht nur die hübsche Flasche oder die bunte Öldose sollten unseren Kauf beeinflussen, sondern auch die kleingedruckten und oft auch spärlichen Angaben, die uns die Hersteller auf den Etiketten zugestehen.

Öl «A» heisst es da zum Beispiel, soll besonders reich an «ungesättigten Fettsäuren» sein. Öl «B» soll vor «Linolsäure» nur so strotzen, und bei Öl «C» sind die Fettsäuren sogar «mehrfach ungesättigt».

Tja – und nun! Der letzte Chemieunterricht liegt ja schon etwas länger zurück. Und was haben diese ganzen Fett«säuren» mit Fett bzw. Öl und mit Sättigung zu tun? Und letztendlich mit unserem Blutdruck oder unseren Cholesterinwerten? Eigentlich sind alle

WAS IST EIGENTLICH DIE LINOLSÄURE?

diese Zusammenhänge gar nicht so kompliziert – wenn man sich erst einmal eingehender damit befasst.

Zuerst einmal der Unterschied zwischen «Fett» und «Öl»

Von Fett wird gesprochen, wenn die Konsistenz dieser Substanz bei Zimmertemperatur, also bei 20 °C, fest ist. Wie zum Beispiel bei Butter, Schmalz und anderen tierischen Fetten. Öle dagegen nennt man alle Fette, die bei 20 °C flüssig sind. Ausschlaggebend für die Trennung Fett/Öl ist also zunächst die Temperatur.

Doch der chemische Aufbau ist bei beiden gleich. Ein Fett-

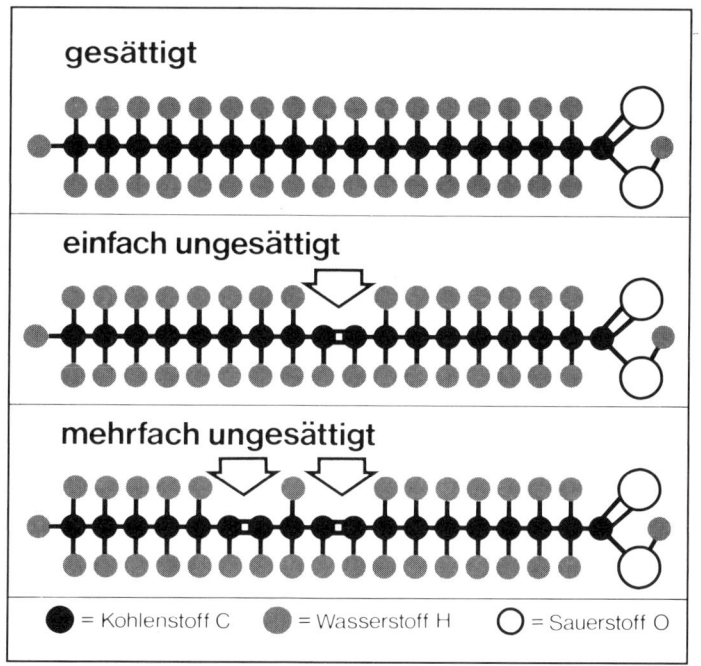

gesättigt

einfach ungesättigt

mehrfach ungesättigt

● = Kohlenstoff C   ● = Wasserstoff H   ○ = Sauerstoff O

molekül besteht aus zwei Grundbausteinen: Glyzerin und Fettsäuren. Dabei ist jeweils ein Molekül Glyzerin mit drei Molekülen Fettsäure chemisch verbunden. Die Fettsäuren setzen sich aus Kohlenstoff- und Wasserstoffatomen zusammen und werden grundsätzlich in drei Gruppen unterschieden:
gesättigt: wenn alle Atome der Kohlenstoffkette mit de-

nen der Wasserstoffkette verknüpft sind;
einfach ungesättigt: wenn die Kohlenstoffkette an einer Stelle nicht mit der Wasserstoffkette verknüpft ist;
mehrfach ungesättigt: wenn die Kohlenstoffkette an mindestens zwei Stellen nicht mit Wasserstoffatomen verknüpft («gesättigt») ist.
Eine der drei im Körper vorkommenden ungesättigten

Fettsäuregruppen heisst *Linolsäure*. Sie ist für den menschlichen Organismus besonders wichtig, da der Körper sie selbst nicht oder nur in unzureichender Menge herstellen kann, wie übrigens auch die Vitamine.
Linolsäure wie auch Vitamine sind darum «essentielle» (lebenswichtige) Nährstoffe, die dem Körper von aussen mit der Nahrung zugeführt wer-

FETTSÄUREZUSAMMENSETZUNG AUSGEWÄHLTER FETTE UND ÖLE

Bezeichnung des Fettes oder Öles	gesättigte Fettsäuren	einfach ungesättigte Fettsäuren	mehrfach ungesättigte Fettsäuren (Linolsäuren)
	%	%	%
Pflanzenöle			
Erdnussöl	19,5	37	42
Haselnussöl	8	78	12
Kürbiskernöl	19,2	28	52
Leinöl	9	18	73
Maiskeimöl	14,5	32,5	52
Mohnöl	15,2	16	68
Olivenöl	15,5	74	9,5
Rapsöl (Rüböl) erucasäurearm	13	56	31
Distelöl (Safloröl)	8,5	13	78
Sesamöl	13,5	42	44
Sojaöl	14	24	62
Sonnenblumenöl	12,5	24	63
Traubenkernöl	10,5	19	70
Walnussöl	8	20	72
Weizenkeimöl	16	22	62
Pflanzenfette			
Kokosfett	90,5	7	2,5
Palmkernfett	82,5	15	2,5
Palmöl	51,5	38	10
Landtierfette			
Butterfett	65	28,5	2,5
Rinderfett	55	40	4,5
Schweinefett	47	43	9

den müssen. Die tierischen Fette, wie Milchfette, Talg, Schweineschmalz usw. enthalten überwiegend gesättigte Fettsäuren. Pflanzliche Fette dagegen, also die Öle, enthalten die unentbehrliche «mehrfach ungesättigte Fettsäure». Olivenöl zum Beispiel hat 9,5% Linolsäure, Palmöl 10%, Sojaöl 62%, Maiskeimöl 57%, Sonnenblumenöl 63%, und der Spitzenreiter ist Distelöl mit ganzen 70%.

Da aber diese wertvollen Fettsäuren sehr hitzeempfindlich sind (bei 200 °C gehen sie verloren), sollten solche hochwertigen Öle vorzugsweise kalt oder nur schwach erwärmt (z. B. beim Dünsten) verwendet werden.

Für die Linolsäure sprechen natürlich noch eine ganze Reihe anderer «gesunder» Gründe, die aber alle für den Laien unaussprechliche Namen tragen.

Hier nur ein paar Fachausdrücke, mit denen Sie bei der nächsten Party, falls das Thema mal wieder auf die leidige Diät kommt, glänzen können: Die Linolsäure ist Bestandteil der Mitochondrien (das sind die Strukturelemente der Zelle); sie spielt eine wesentliche Rolle bei der Synthese der Prostaglandine (womit die hormonartigen Substanzen gemeint sind, die eine stimulierende Wirkung auf die glatte Muskulatur haben) und so weiter...

Im Klartext heisst das: Mangel an Linolsäure kann zur krankhaften Abnahme des Körpergewichts, zu Hautver-

änderungen, zu Störungen des Wasserhaushaltes führen und die Funktion der Nieren beeinflussen.

Ein gesunder Linolsäurehaushalt dagegen kann zur Senkung erhöhter Cholesterinwerte führen, das Thromboserisiko verringern, den Insulinbedarf bei Altersdiabetes vermindern und sich positiv auf erhöhten Blutdruck auswirken. Es ist deswegen sicher

auch kein Zufall, dass die Muttermilch relativ reich an Linolsäure ist.

Ihre günstige Wirkung kann die Linolsäure allerdings nur entfalten, wenn genug Vitamin E als natürliche Begleitsubstanz im Öl vorhanden ist. Das ideale Verhältnis beträgt dabei 1 mg Vitamin E pro 1 g Linolsäure. Dieser Wert wird vor allem bei kaltgepressten Ölen erreicht.

Immerhin noch 63% mehrfach ungesättigter Fettsäuren weist Öl aus Sonnenblumenkernen auf.

ES LEBE DAS ÖL

Die Rolle von Fett für die Gesundheit

Zuerst muss ein gängiges Vorurteil ausgeräumt werden. Diese Feststellung wird einige eitle Zeitgenossen vielleicht befremden: Fett ist gesund! Und mehr noch: Fett ist sogar lebensnotwendig. Denn Fett gehört, neben Eiweiss und Kohlenhydraten, zu den drei wichtigsten Bausteinen der menschlichen Ernährung.

Mit Fett ist hier aber nicht – wie das im Volksmund üblich ist – Übergewicht gemeint. Zuviel Fett in diesem Sinne ist natürlich ungesund, wie überhaupt zuviel meist ungesund ist, egal wovon. Aber das Fett in der Nahrung ist dem Körper ein fleissiger Gehilfe und erfüllt eine ganze Reihe lebenswichtiger Funktionen.

Zuerst einmal liefert es Kalorien, also Energie. Mit 9 kcal pro Gramm ist das Fett der energiereichste Nährstoff des Menschen. Sein Brennwert ist doppelt so hoch wie der des Eiweisses und der Kohlenhydrate.

Darüber hinaus haben die unter der Haut und in den Bindegeweben abgelagerten Fette, wenn man so will, eine rein «technische» Funktion. Sie dienen als Stütze und Polster für die inneren Organe, fixie-ren die Blutgefässe und geben der Haut die nötige Elastizität. Ausserdem wirken sie noch als Isoliermaterial und schützen den Körper vor Wärmeverlust. Im übertragenen Sinne sind sie auch eine Art «Sparbuch», denn sie dienen dem Körper als Energiedepot. Vor allem im Unterhaut-Fettgewebe und im Bauchraum werden die Fette als Reserve für Notzeiten abgelagert. Pölsterchen und Bäuchlein sind also nichts anderes als zu hohe «Zinsen», die aber gleichzeitig das «Kapital» erhöhen! Um sie wieder los zu werden, gibt's ein einfaches Rezept: verbrauchen, ausgeben! Den Überschuss durch Gymnastik, gesündere Ernährung und, in hartnäckigen Fällen, ausgewogene Diät abbauen. Fett ist zusätzlich unerlässlich als Träger der lebenswichtigen, fettlöslichen Vitamine A, D, E und K sowie des Provitamins A (Carotin). Diese Stoffe sind unentbehrlich für Stoffwechsel, Sehkraft, Knochenbau und Wachstum und können nur in Zusammenhang mit Fett dem Körper nutzbar gemacht werden. Um eine ausreichende Versorgung des Körpers mit diesen Wirkstoffen zu sichern, genügt aller-dings eine tägliche Gesamtfettzufuhr von 80 Gramm. Alles übrige geht sofort in die Reserve...

Fett hat aber auch noch, wie Feinschmecker und Spitzenköche wissen, die Funktion eines wichtigen Geschmackträgers: Es erhöht den Eigengeschmack der Speisen. Denn viele Geschmacks- und Duftstoffe von Nahrungsmitteln entfalten ihre volle Wirkung erst zusammen mit Öl oder Fett. Und da liegt eben leider auch das Problem. Denn die fettesten Sachen schmecken oft am besten!

Doch Fett ist nicht gleich Fett! Nach ihrer Herkunft werden die Nahrungsfette in zwei Hauptgruppen, die «tierischen» und die pflanzlichen» Fette unterteilt.

Tierische Fette, wie Butter und Schweineschmalz, enthalten mehr gesättigte Fettsäuren.

Pflanzliche Fette, wie Öl und Margarine, haben einen weitaus höheren Anteil an mehrfach ungesättigten Fettsäuren. Von diesen mehrfach ungesättigten Fettsäuren ist die Linolsäure (siehe Seite 23–25) die wertvollste.

Bei einer Zimmertemperatur von 20 °C tritt der Unterschied ganz deutlich zutage. Je mehr gesättigte Fettsäuren in einer Substanz enthalten sind, um so härter ist das Fett, während die mehrfach ungesättigten Fettsäuren das Fett bzw. Öl weich und flüssig halten.

Vitamine und Fettsäuren reagieren empfindlich auf Hitze und Sauerstoff. Wertvoll und

Enthält noch alle wichtigsten Vitamine und Fettsäuren: frisch gepresstes Olivenöl.

unverändert sind sie daher nur in frischem, kaltgepresstem Öl enthalten.

Wir kennen ja bereits den chemischen Aufbau der gesättigten und ungesättigten Fettsäuren sowie deren «essentielle» (lebenswichtige) Bedeutung für den menschlichen Organismus.

Bei den Speisen befinden sich gesättigte Fettsäuren vor allem in Wurst, Fleisch und Käse. Diese gesättigten Fettsäuren können beim Menschen zum Anstieg des Cholesterin-Serums im Blut führen, falls seine Stoffwechselfunktionen gestört sind. Damit kann sich das Risiko von Herzgefässkrankheiten erhöhen.

Mehrfach ungesättigte Fettsäuren dagegen, wie sie in pflanzlichen Ölen in unterschiedlicher Konzentration vorhanden sind, sind für das äusserst komplexe Stoffwechselgeschehen in unserem Körper unabdingbar und können unter anderem den Fett- und Cholesteringehalt des Blutes verringern und damit diesen Erkrankungen entgegenwirken.

Wichtig für den Körper sind jedoch beide Arten von Fettsäuren, und sie gehören natürlich zu einer ausgewogenen Ernährung im Verhältnis 1:1:1. Das bedeutet: je ein Drittel gesättigter (tierische Fette), einfach ungesättigter und mehrfach ungesättigter Fettsäuren (Linolsäure bzw. pflanzliche Fette/Öle).

ÖL AUS FRÜCHTEN, SAMEN, KERNEN UND KEIMEN

In der Pflanzenwelt existieren, neben dem klassischen Olivenbaum, eine Vielzahl von Pflanzen mit ölhaltigen Samen, Saaten, Kernen, Keimen und Früchten. Die Menschen haben schon sehr früh gelernt, sich diese nutzbar zu machen und ihren ölhaltigen Saft abzupressen.

Allein an die 40 verschiedene ölhaltige Pflanzen eignen sich als Bestandteil für die menschliche Ernährung. Jede dieser Pflanzen ergibt ein spezifisches Öl, das sich in Geschmack, Farbe, Konsistenz, Fettgehalt sowie dem Gehalt an gesättigten und ungesättigten Fettsäuren von den anderen unterscheidet. Der Ölgehalt der Pflanzen variiert, je nach Art, von nur 7% bis zu 70% (siehe Kasten auf Seite 59).

Die Ölsorten, die für die Küche beziehungsweise für die menschliche Ernährung wichtig sind, werden auf den folgenden Seiten vorgestellt.

Alle diese Öle haben ihre speziellen Vorzüge und besonderen Anwendungsgebiete.

Wenn Speiseöl im Handel ohne nähere Bezeichnung angeboten wird, handelt es sich dabei immer um eine Mischung aus den Ölen verschiedener Pflanzen, wie zum Beispiel Soja-, Erdnuss- oder Rapsöl. Es wird meist schlicht als *Speise- oder Tafelöl* bezeichnet. Der Gehalt an essentiellen Fettsäuren bei diesen Produkten ist niedriger als bei den reinen kaltgepressten Ölen.

Diätöl ist eine Bezeichnung für hochwertige Öle mit einem hohen Anteil an essentiellen Fettsäuren. Es ist besonders leicht bekömmlich und geschmacksneutral.

Industrieöle, die vor allem für die Margarineherstellung und in der Kosmetikindustrie verwendet werden, bestehen meist aus Baumwollsaatöl. Es ist ein sehr dunkles Öl, das aus den Samen der Baumwollpflanzen gewonnen und durch spezielle Raffination klar und durchsichtig wird.

Auch Raps- und Rübsöl gehören in die Kategorie der Industrieöle. Die Rapspflanze ist übrigens die wichtigste Ölsaat in der Bundesrepublik.

Für die feine Küche werden auch eine Reihe *spezieller Öle* verwendet, die zum Beispiel aus Walnüssen, Avocados, Haselnüssen, Mandeln, Kürbis- und Traubenkernen gewonnen werden. Sie haben einen feinen bis würzigen und immer sehr ausgeprägten Geschmack, der ideal zu den jeweiligen Speisen passt. (Siehe auch unseren Rezeptteil.)

Öl aus Oliven

Olivenöl gilt nicht umsonst als König unter den pflanzlichen Fetten. Von allen anderen unterscheidet es sich insbesondere durch einen Umstand. Es ist der Saft einer unter südlicher Sonne gereiften Baumfrucht.

Die reine Meeresluft und die unerschöpfliche Kraft des alten Kulturbodens hinterlassen ihre wirksamen Spuren in dieser wie pures Gold glänzenden Flüssigkeit.

Nicht nur Feinschmecker, sondern auch Wissenschaftler und Mediziner rühmen die Vorzüge des Olivenöls. Und das von der Antike bis heute. Olivenöl enthält die Lebenskraft, sagen die alten Leute im Süden. Weil es aus saftig-jungen Früchten gewonnen wird. Aberglauben? «Se non è vero, è ben trovato» (Wenn's nicht stimmt, ist es jedenfalls gut erfunden), würde man dazu in Italien sagen.

Immerhin, ein Gerontologe der «University of Minnesota», Prof. Ancel Keys, stellte fest, dass Griechenland im Vergleich zu anderen Ländern die geringste Sterblichkeitsrate als Folge von Herzkrankheiten aufzuweisen hat. Gleichzeitig gilt Griechenland als Land mit dem höchsten Pro-Kopf-Verbrauch an Olivenöl in der Welt. Auch wenn der ausschliessliche Gebrauch von Olivenöl noch keine ausgewogene Ernährung garantiert, so ist ein gewisser Zusammenhang nicht von der Hand zu weisen.

Bemerkenswert ist auch, dass 75% des Ernteertrages gar nicht erst exportiert, sondern direkt in den Erzeugerländern verbraucht werden. In besonders armen Gegenden wird Olivenöl sogar kleinen Kindern anstelle von Lebertran oder anderen Aufbaupräparaten täglich pur verabreicht.

Rund 805 Millionen Olivenbäume wachsen heute auf der ganzen Welt. Die meisten davon rund ums Mittelmeer. Die grösste Konzentration (etwa 600 000) findet man in Südeuropa. Dort wird auch der grösste Teil der weltweit rund 7 Millionen Tonnen umfassenden Olivenernte eingebracht.

Etwa 450 000 Tonnen davon werden zu Tafeloliven verarbeitet, die restlichen ca. 6,5 Millionen Tonnen zu Olivenöl.

Und so verteilt sich die Ölproduktion auf die wichtigsten Erzeugerländer:

Italien	32%
Spanien	30%

Griechenland	16%
Türkei und Tunesien	je 8%
Frankreich	1,5%

Italien, Griechenland und Südfrankreich gelten als die «klassischen» Produzenten und Lieferanten von Olivenöl. Sie haben immerhin jahrtausendealte Erfahrung in der Kultivierung, Pflege und Verarbeitung der Olive.

Genau wie beim Wein gibt es auch beim Olivenanbau gute und weniger gute «Lagen» und «Jahrgänge». Die besten Früchte wachsen in bergigen Regionen, an freien, gegen Nordwinde geschützten Gebirgshängen, denn die Temperaturschwankungen zwischen heissen Tagen und kühlen

Olivenbaumzweig mit ersten Knospen.

Nächten verstärken zusätzlich das Aroma der Früchte.

Darum sind die Geschmacksunterschiede von Herkunftsland zu Herkunftsland, ja sogar von Region zu Region manchmal wirklich verblüffend.

In Italien zum Beispiel werden in Feinschmeckerlokalen manchmal bis zu 35 verschiedene (italienische!) Olivenölsorten zur Auswahl angeboten, ähnlich kostbar und reichhaltig in ihrer Vielfalt wie Wein oder alte Spirituosen. Wer sich auf dieses Experiment einlässt, wird schnell feststellen, dass Olivenöl nicht gleich Olivenöl ist.

Es gibt herbe und weiche, kräftige und elegante, fruchti-

Erntezeit: In die gespannten Netze fallen die reifen Oliven und können so problemlos eingesammelt werden.

31

Der Reifeprozess der Oliven: Von grün über violett bis schwarz.

Es gibt eine Unmenge verschiedener Olivensorten, die sich in Grösse, Farbe, Ölgehalt (zwischen 16 und 56%) und natürlich Geschmack unterscheiden. Aber Grösse und Aussehen der Früchte sind kein Massstab für ihre Qualität. Am besten sind die kleinen und unansehnlichen Oliven.

Je nach Land und klimatischen Verhältnissen blüht der Olivenbaum zwischen Anfang April und Anfang Juni. Die Blüten sind hermaphroditisch (zweigeschlechtlich), das heisst, sie bestehen aus einem weiblichen und einem männlichen Teil. Sie verbreiten einen leichten, an Reseda erinnernden Duft und sind relativ unscheinbar, gelblich bis grünlichweiss.

Die Bestäubung dieser biologischen «Mauerblümchen» erfolgt nicht durch Insekten, sondern durch den Wind. Die Blüten sind zu jeweils 8–25 Stück in üppigen Blütenständen zusammengefasst. Rund 100 Blüten ergeben etwa eine bis fünf Olivenfrüchte.

Die befruchteten Blüten beginnen frühestens im Juni mit dem Fruchtansatz. Die Olive ist eine Steinfrucht und besteht aus der Schale, einem ölhaltigen, fleischigen Teil und dem Kern, der den Samen enthält.

Je nach Art sind die Oliven zwischen zwei und vier Gramm schwer. Ihre Form ist mehr oder weniger länglichoval. Ihre endgültige Form und Grösse erreicht die Olive ab Oktober.

ge und neutrale Geschmacksrichtungen. Auch die Farbe variiert von fast klar-durchsichtig über golden-gelb bis grünlich-milchig.

Das liegt an den sogenannten Spurenelementen, was wiederum vom Boden und der biologischen Gattung des jeweiligen Baumes abhängt.

Ein Expertentip, um den Geschmack von Olivenöl zu prüfen, lautet: Ein paar Tropfen in die Handfläche geben, die Hände aneinander reiben, und das Aroma dann vom Handballen schnuppern. Das ist besser als Abschmecken. Wenn ein Gast im Restaurant vor den Augen des stolzen Wirtes das Olivenöl dieser Prüfung unterzieht, kann er sicher sein, dass er respektiert wird.

Das Heranreifen läuft in drei Phasen ab: Vor der Reife sind die Oliven zuerst grün. Ab Dezember, zu Beginn der Reife, verfärben sie sich violett. Bei voller Reife sind sie dann schwarz.

Die grossen grünen Oliven im Martini-Cocktail oder in gemischtem Salat sind einfach unreif gepflückt worden. Sie schmecken deswegen bitter und müssen in verschiedene Laugen eingelegt werden, bevor sie geniessbar sind. Sie erreichen nie das volle Aroma der ausgereiften Früchte, denn sie werden bereits im September geerntet.

Die schwarzen Tafeloliven und die Oliven, die zur Ölgewinnung vorgesehen sind, werden erst ab Dezember und bis in den Februar hinein gepflückt.

Der Ertrag eines Baumes variiert je nach Alter, Klima- und Bodenbedingungen. Bis zu 300 Kilogramm pro Baum kann ein gutes Jahr bringen. Der Ölbaum gilt als äusserst robust. Fette und feuchte Erde ist ihm ein Greuel, er begnügt sich mit kargem Boden und ist an Trockenheit gewöhnt. Er liebt Licht und Wärme und gedeiht am besten auf trockenem Misch- oder kalkhaltigem Boden bei Durchschnittstemperaturen von 15 °C bis 20 °C. Die bezüglich der Temperatur kritische Zeit liegt zwischen der Blütenbildung Ende März und der Fruchtreife im Sommer. Zum Zeitpunkt der Blütenbildung darf es nicht kälter als 10 °C werden und zwischen Blüte und der Fruchtbildung nicht kälter als 15 °C.

Das «Leben» eines Olivenbaumes sieht ungefähr so aus: Vom 1. bis zum 7. Jahr durchlebt er die sogenannte «Vorwachstums-Phase». Der Ernte-Ertrag ist in dieser Zeit gleich Null.

Vom 7. bis zum 25. Jahr beginnt die eigentliche Wachstumsperiode. Der Ernte-Ertrag steigt langsam an.

Vom 25. bis zum 100. Jahr ist der Baum voll ausgewachsen und bringt seinen vollen Ertrag.

Ab 100 Jahren altert der Baum, der Ertrag lässt nach und wird unbeständig.

Der Olivenbaum kann bis zu 2000 Jahre alt werden. Er lebt dann aber sozusagen im «vorgezogenen Ruhestand» und wirft keine Ernte mehr ab.

Ölbäume sind Kulturpflanzen, das bedeutet, bei mangelnder Pflege verwildern und verkümmern sie. Um eine gute Ernte zu erbringen, müssen sie ungefähr alle fünf Jahre fachmännisch beschnitten werden.

Das dabei abfallende Holz ist wegen seiner Härte und seiner Maserung für Schnitzarbeiten sehr beliebt. Es ist ausserdem ein wunderbares Brennholz, sparsam und ausdauernd.

Die Ernte erfolgt auch heute noch zum grössten Teil in Handarbeit, bei der sich auch die Methoden seit der Antike wenig verändert haben. Die traditionelle Art und Weise sieht zwar sehr malerisch aus und ist ein beliebtes Motiv für Bildbände über die Toskana, den Süden Frankreichs oder Spanien. Aber was so romantisch und ursprünglich aussieht, ist mühsame, harte Arbeit. Sie ist auch der Hauptgrund für den hohen Verkaufspreis des Olivenöls.

Früher wurden unter den

Bäumen grosse Leinentücher ausgelegt, auf welche die mit langen Stangen abgeschlagenen Früchte fielen. Aber da sich bei Regen diese Planen immer voll Wasser sogen, was sich nicht günstig auf die Oliven und die Finger der Pflücker auswirkte, verwendet man heute grösstenteils Nylonnetze, in denen die Oliven trocken bleiben.

Ein italienischer Bauer in seiner «Frantoio», Ölmühle, beim Pressen der Oliven.

Da aber das Abschlagen mit Stöcken nicht selten die Oliven und manchmal auch die Bäume beschädigt, werden die Oliven häufig, wie bei der Kirschenernte, von Hand gepflückt. Ein erfahrener Pflükker schafft 10 bis 20 Kilo in der Stunde. Vier bis fünf Kilo Oliven (ca. 25 000 Stück) ergeben einen Liter Öl.

In den klassischen Anbaugebieten Italien, Spanien und Griechenland leben die Pflükker praktisch tagelang in den Bäumen. Das Standbein auf der Sprosse der baumhohen Holzleiter, das andere Bein um den Holm gewickelt, hat er beide Hände frei zum Pflücken. Unten bücken sich Frauen und Kinder, um die herabgefallenen Früchte aufzulesen.

Manchmal benutzen die Pflücker eine Art Schere, die auch schon in früheren Zeiten in ähnlicher Form bekannt war. Sie besitzt anstatt der Klingen zwei gespannte Nylonfäden. Wenn man mit dieser Schere einen Zweig nach aussen hin abstreift, purzeln die Oliven herunter, während die Blätter am Baum bleiben. Bei einer anderen, ebenso klassischen Methode werden grosse Kämme durch die Baumkronen gezogen und die Oliven in Netzen gefangen, die unter den Bäumen gespannt sind.

Um die hohen Erntekosten zu senken, hat man in letzter Zeit versucht, eine Art maschinelles Ernten einzuführen. Dazu wurde ein Traktor entwickelt, der sogenannte «Schüttler».

Olivenöl der feinsten Sorte von sehr hellem Grün nach der Pressung.

Er hat einen Gelenkarm mit einem «Rüttler» und arbeitet automatisch. Die herabfallenden Früchte werden in zwei Sammelbehälter, die den Stamm oder die grossen Äste des Olivenbaumes umfassen, aufgefangen, von den Blättern und Zweigen getrennt und auf spezielle Transportwagen verladen.

Der «Schüttler» wird von einer einzigen Person bedient und schafft bis zu fünf Zentner Oliven pro Stunde – falls der Baum diese Menge überhaupt hergibt.

Nach einer kurzen Trocknungszeit von einigen Tagen geht die Ernte zur Ölmühle, dem «Frantoio», wie sie in Italien genannt wird. Dort wird dann das beste Olivenöl, das «Olio extra vergine», hergestellt.

Nur das kaltgepresste, durch natürliche Pflanzenstoffe (Chlorophyll) kräftig gefärbte Jungfernöl enthält alle natürlichen Geschmacksstoffe und die essentiellen Fettsäuren und Vitamine der Oliven.

Kaltgepresst heisst, wie der Name schon sagt, dass das Öl kalt, ohne Anwendung von Hitze, aus den Oliven herausgepresst wird. Dadurch bleiben hitzeempfindliche, wertvolle biologische Bestandteile und die gesundheitsfördernden Kräfte der Ölfrucht erhalten.

Kaltgepresstes Olivenöl ist eines der wenigen Pflanzenöle, das ohne chemische Bearbeitung für die menschliche Ernährung überhaupt geniessbar ist. Andere Speiseöle müssen meist einem komplizierten Raffinationsverfahren (siehe Seite 67) unterzogen werden, bevor sie zum Verzehr geeignet sind.

Dieses naturreine Olivenöl – in Deutschland auch als *«natives Olivenöl»* bezeichnet, in der Schweiz als *extra vergine* oder *extra vierge* bekannt – gibt es in drei Qualitätsstufen: *extra fein, fein* und *mittelfein*. Die erste Pressung ist also das Beste, was die Frucht zu bieten hat: Olivensaft von zartem, sehr hellem Grün und von köstlichem Geschmack. Es enthält höchstens 1 Prozent Fettsäure. Das Öl klärt sich nach einigen Monaten, verliert die milchige Substanz und nimmt eine goldgelbe Farbe an.

Da die erste Pressung, die «prima spremuta» wie sie auf italienisch heisst, nur etwa 12 Prozent beträgt, ist Olivenöl dieser Klasse entsprechend teuer. Die nachfolgenden Pressungen, für «feine» (1,5% Säure) und «mittelfeine» (1,5–3% Säure) Qualität ergeben ein ebenfalls ausgezeichnetes Öl, das durch den stärkeren Chlorophyllgehalt intensiver grün und kräftiger im Geschmack wird.

Auch diese Olivenöle werden nur gereinigt, aber nicht raffiniert.

Danach wird der Olivenbrei erhitzt für die vierte, die Wärmepressung. In einer Zentrifuge mit 6000 Umdrehungen pro Minute werden die letzten Ölrückstände herausgeholt. Die warmgepressten Olivenöle – im Volksmund darum «Höllenöl» genannt – enthalten zu viele freie Fettsäuren und müssen deshalb raffiniert werden. Ihre offizielle Bezeichnung ist *«Raffiniertes Olivenöl»*.

Für welche Qualität man sich immer entscheiden mag – für Olivenöl gilt ein italienisches Sprichwort, das von der Mutter zur Tochter weitergegeben wird. Es bezieht sich auf die Salatsauce und sagt: «Aceto come un avaro, sale come un saggio, olio come un pazzo.» Essig wie ein Geizhals, Salz wie ein Weiser, Öl wie ein Irrer! Denn Olivenöl wirkt, wie die meisten Fette, als Geschmacksträger und verstärkt den Eigengeschmack der Speisen.

Zum Schluss noch eine Empfehlung: Olivenöl sollte nie im Kühlschrank aufbewahrt werden (auch wenn's auf dem Etikett empfohlen wird). Bis Olivenöl verdirbt, können Jahre vergehen. Und unter 6 °C «gefriert» das Olivenöl. Es bekommt weisse Flöckchen, was jedoch keinen Einfluss auf die

DIE WICHTIGSTEN OLIVENÖL-QUALITÄTEN

	Deutschland	Frankreich	Italien	Spanien
Kaltgepresstes Olivenöl (drei Qualitätsstufen)	Natives Olivenöl extra	Huile d'olive extra vierge	Olio extra vergine di oliva	Aceite de oliva virgen extra
	Natives Olivenöl fein	Huile d'olive vierge fine	Olio sopraffino vergine di oliva	Aceite de oliva virgen fino
	Natives Olivenöl mittelfein	Huile d'olive vierge courante oder semifine	Olio fino vergine di oliva	Aceite de oliva semi-fino
Sonstiges Olivenöl	Olivenöl oder Reines Olivenöl	Huile d'olive pure	Olio di oliva	Aceite de oliva puro
Zusatz-Bezeichnungen		Fruiteé (frühe Ernte) Douce (späte Ernte)		Frutado (frühe Ernte) Dulce (späte Ernte)

Qualität hat. Bei Zimmertemperatur oder durch Schütteln wird das Öl wieder klar.
Der französische Schriftsteller Marcel Pagnol hat diesen Effekt sehr hübsch in einem seiner Bücher, «Eine Kindheit in der Provence», beschrieben: «Seit einigen Tagen war es sehr kalt, im Wandschrank unserer Küche sah die Olivenölflasche aus, als sei sie voller Wattebäuschchen.»

So unterscheiden sich die einzelnen Olivenöle

Die Europäische Gemeinschaft hat in einer gemeinsamen Marktordnung genaue Richtlinien für die offizielle Klassifizierung von Olivenöl vorgegeben. Bei der Einfuhr werden die Öle folgendermassen unterschieden:
1. **Naturreines Olivenöl,** nur durch mechanisches Verfahren (einschliesslich der Pressung) und ohne chemische

Behandlung gewonnen. Naturreine Olivenöle sind:
a) *Olivenöl extra* – kaltgepresst, einwandfreier Geschmack, Gehalt an freien Fettsäuren (Ölsäuren) höchstens ein Gramm je 100 Gramm.
b) *Olivenöl fein* – kaltgepresst, gleiche Bedingungen wie Extra-Olivenöl, Gehalt an freien Fettsäuren höchstens 1,5 Gramm je 100 Gramm.
c) *Olivenöl mittelfein* – kaltgepresst, guter Geschmack, Gehalt an freien Fettsäuren höchstens 3,3 Gramm je 100 Gramm.
2. **Raffiniertes Olivenöl** (auch raffiniertes reines Olivenöl genannt), durch Raffinieren von naturreinem Olivenöl gewonnen. Ohne spezifischen Geruch oder Geschmack, aber die biologischen Qualitäten bleiben erhalten.
3. **Reines Olivenöl** (auch Mild- oder Riviera-Typ genannt) ist ein Verschnitt von naturreinem Olivenöl und raffiniertem Olivenöl mit schwachem Aroma.
Diese Olivenöl-Unterscheidungen zeigen, dass nur das *Naturreine Olivenöl* den unerreichbaren Geschmack besitzt: Weder raffiniertes noch reines Olivenöl weisen diese Eigenschaft auf.

PER oder das Restrisiko Skandale um Olivenöl

In unregelmässigen Abständen wird die Öffentlichkeit durch Horrormeldungen auf-

geschreckt. Das Olivenöl macht Schlagzeilen. Handel und Verbraucher sind verunsichert: das doch so gesunde Öl soll mit der krebserregenden Chemikalie Perchlorethylen (PER) verunreinigt sein.
Dieses PER ist ein flüssiges Lösungsmittel, das in der Lebensmittelindustrie gern als Fettlöser eingesetzt wird, so auch bei der industriellen Produktion von Speiseöl (siehe auch Kapitel «Öl und Technik» ab Seite 67).
Mit PER lässt sich der allerletzte Tropfen Öl aus Pflanzen und Kernen herausholen. Im weiteren Herstellungsverfahren wird bei der Raffination (siehe auch Seite 69) das Lösungsmittel natürlich wieder herausgefiltert. Aber wenn durch Unachtsamkeit oder technische Mängel höhere Rückstände als die als unbedenklich geltenden Grenzwerte von 0,1 mg pro kg zurückbleiben, und es bemerkt wird, ist der Skandal da.
Wenn PER auch in naturbelassenem, kaltgepresstem Öl gefunden wird, das nur mechanisch und *ohne* Verwendung von Chemie hergestellt wird, bedeutet dies, dass Panscher am Werk waren. In solchen Fällen liegt die Vermutung nahe, dass hier aus Profitgründen hochwertiges kaltgepresstes Olivenöl mit schlecht verarbeitetem Industrieöl gestreckt wurde.
In unserer chemisch schwerbelasteten Umwelt können aber auch manchmal Verunreinigungen von Naturprodukten eben aus der inzwi-

Türkische und tunesische Briefmarken mit Olivenzweigen.

schen stark angegriffenen Natur selbst kommen. Ohne dass die Hersteller etwas dazu beigetragen haben.

Die leichtflüchtige Substanz PER, die auch in der Industrie zur Metallentfettung und in den chemischen Reinigungen verwendet wird, kann, ohne dass dies bemerkt oder verhindert werden könnte, in die Luft entweichen.

Fette haben aber die Eigenschaft, den Stoff PER geradezu magisch anzuziehen. Dabei kann PER sogar Kunststoffverpackungen und selbst Beton durchdringen. Darum sind hochwertige Öle meist in Glasflaschen oder Blechdosen verpackt (siehe auch Kapitel «Lagerung» ab Seite 73).

Für alle, die's genau wissen wollen: Die Verbraucherzentralen sind immer sehr gut über den letzten Stand solcher Entwicklungen informiert.

Distelöl

Distelöl, auch Safloröl genannt, wird aus dem Samen der Saflorpflanze gewonnen. Ihr Name wurde aus dem Farbstoffnamen «Safran» und dem lateinischen Wort «flor» (Blüte) abgeleitet.

Hierzulande wird diese krautartige Pflanze auch Färberdistel genannt, weil jahrundertelang ihre zuerst gelben, dann roten Blüten die wertvollen Farbstoffe Gelb und Karminrot lieferten. Schon seit Urzei-

Distel- bzw. Saflor-Blüte, deren Samen den höchsten Linolsäuregehalt unter den Ölpflanzen aufweist.

ten wurden in Asien und Afrika, vor allem in Indien und Ägypten, Textilien, Mumienbandagen und Teppichwolle damit eingefärbt.

Saflor war, neben Indigo, eines der wichtigsten Färbemittel. Erst die Erfindung der Anilinfarbe Anfang des 20. Jahrhunderts hat die Bedeutung der «Färberdistel» als Farbstoff geschmälert.

Die Saflorpflanze wächst in Ägypten, Ostasien und in den Westküstengebieten Nordamerikas. Sie ist relativ selten, darum ist das daraus gewonnene Öl entsprechend teuer.

Das distelartige Gewächs wird zwischen 60 und 120 cm hoch. Es gehört, wie die Sonnenblume, zur Familie der Korbblütler. Die Früchte sind 6 bis 8 cm lang, 3 bis 4 cm dick und mit einer dicken Schale versehen. Die Saat selbst hat

gewisse Ähnlichkeit mit den Sonnenblumenkernen.

Sie enthält 25–35% Öl. Von allen Ölen weist Distelöl den höchsten Linolsäuregehalt auf (78%). Es ist daher besonders für die biologische Vollwerternährung geeignet: als Diätöl oder als Bestandteil hochwertiger Margarinen.

Naturbelassen hat Distelöl, das oft mit Weizenkeimöl gemischt wird, einen ziemlich strengen Geschmack und ist darum nicht jedermanns Sache.

Walnussöl

Dieses Öl ist eine Delikatesse, die ihren Preis hat. Denn der Rohstoff, die Baum- oder Walnuss, ist relativ selten und darum teuer.

Der Walnussbaum wächst in Mittel- und Südeuropa sowie

Grüne, noch unreife Walnüsse am Zweig.

in Nord- und Südamerika. Er ist 10 bis 25 m hoch, kommt aber auch als Strauch vor. Ein Baum kann bis zu 50 kg Nüsse tragen. Sie sind der Samen des Baumes und enthalten 50 bis 65% hellgelbes, klares und wohlschmeckendes Öl. Das Walnussöl wird durch Kaltpressung gewonnen und hat

Frisch geerntete Haselnüsse.

einen hohen Gehalt an Linolsäure (72%) sowie an Eiweiss (18–25%) und an Vitaminen.
Das Walnussöl ist sehr aromatisch und wird in der feinen Küche besonders gerne für spezielle Salate verwendet. Allerdings verdünnt man es dort meistens mit einem geschmacksneutralen Öl, zum Beispiel Sonnenblumenöl.

Haselnussöl

Haselnüsse gab es in Südeuropa, Kleinasien und Mitteleuropa schon in der Steinzeit. Ihre Kerne enthalten bis zu 65% hellgelbes, klares, mildes Öl, das trotz seines hohen Gehaltes an ungesättigter Fettsäure (78%) nicht sehr lange haltbar ist. Haselnussöl ist eine Kostbarkeit unter den Ölspezialitäten, da nur ein sehr kleiner Teil der angebauten Haselnusskerne zur Ölgewinnung verwendet wird.
Das angenehm mild schmeckende Öl wird hauptsächlich in der feinen kalten Küche und für die Dessertzubereitung verwendet.

Mandelöl

Mandelöl wird durch Pressen aus zwei verschiedenen Mandelsorten gewonnen: der Süssmandel und der Bittermandel. Es ist von blasser bis tiefgelber Farbe und angenehm in Geruch und Geschmack.
Im Mittelalter gab es auch in Deutschland, vor allem in der Pfalz, am Kaiserstuhl, an der Bergstrasse und im mittleren

und unteren Neckargebiet, grosse Mandelpflanzungen. Heute dagegen finden sich die Hauptanbaugebiete in Südeuropa, Marokko, Iran und Kalifornien.
Mandelöl wird vorwiegend in der kosmetischen Industrie verwendet.

Sesamöl

Sesam war als Ölfrucht schon vor mehr als 4000 Jahren bekannt. Die Pflanze stammt aus Vorderasien, und ihr Anbau hat sich über Asien, Kleinasien, China, Japan, Nord- und Südamerika, Afrika und zuletzt bis Südeuropa ausgedehnt.
Darum ist auch die Liste der verschiedenen Namen, unter denen diese Pflanze in den verschiedenen Zivilisationen gezüchtet wurde, lang und abwechslungsreich. «Sam Samni» hiess sie in Babylon, was nur «Pflanze des Öls» bedeutete. In Malaysia hiess Sesam «widjin», in China «chi-ma», in Indien «gingili». In Sanskrit «til», auf ägyptisch «schemschem», und die Semiten machten daraus «simsim».
Wir haben unsere Bezeichnung Sesam von den Griechen übernommen. Dort hiess die schnellwachsende Ölpflanze mit den tiefen Wurzeln «sesamon». Der arabische Name war «semsem», und aus diesem Sprachraum stammt die wohl schillerndste Geschichte, in der Sesam eine Rolle spielt. Erfunden hat sie Sheherazade, die schöne Kö-

nigin aus Tausendundeiner Nacht, als sie zur Zerstreuung ihres gelangweilten Gatten das Märchen «Ali Baba» erzählte.

«Sesam öffne dich» war das geheime Codewort, damit sich die Schatzhöhle der Räuber öffnete. Die kluge Sheherazade hatte sich ganz einfach von der Natur inspirieren lassen. Denn wenn die Früchte der Sesampflanze reif sind, springen deren Kapseln von selbst auf und verstreuen die Sesamkörner auf das Land.

Unreif geerntete Sesamfrüchte dagegen kleben zu. Es kommt also bei der Ernte auf den genauen Zeitpunkt an. Darum ist dieser Vorgang nicht ganz unproblematisch.

Sesam gehört zur Grossfamilie der sogenannten Drachenblütler und war schon deswegen wahrscheinlich für eine Märchenkarriere prädestiniert.

Pedaliaceae

Sesamum indicum DC.

Fruchtkapseln der Sesampflanze.

Die Sesampflanze ist ein weich behaartes, stark duftendes Kraut, das bis zu einem Meter hoch wird. Sie hat tiefe Wurzeln, um sich gegen die Trockenheit zu schützen.

Mit seinen weissen bis rötlichen Blüten ähnelt Sesam dem Fingerhut. Schon drei Monate nach der Aussaat sind die Fruchtkapseln reif. Diese sind weiss, gelb, rot oder auch schwarz, werden 2 cm lang und 0,5 cm dick und sind mit zahlreichen Samenkörnern gefüllt. Der Ölgehalt dieser Samen schwankt zwischen 50 und 56%, der Linolsäuregehalt liegt bei 44%.

Das gelbe bis bernsteinfarbene Öl wird kalt oder warm gepresst, extrahiert und auch raffiniert. Vorher wird die gedroschene Sesamsaat getrocknet und zermahlen.

Dank unserer gesteigerten Vorliebe für exotische Gerichte ist Sesamöl auch bei uns immer bekannter und beliebter geworden. In der orientalischen Küche wird es bevorzugt für Süssspeisen, Gebäck und Desserts verwendet.

Die Hauptanbaugebiete der Pflanze sind heute Asien (China, Indien) und Afrika (Sudan, Äthiopien, Nigeria, Uganda) sowie Amerika (Mexiko, Venezuela).

Traubenkernöl

Aus den Kernen der Weintrauben wird feines Traubenkernöl gewonnen.

Dieses Öl wird seit dem 19. Jahrhundert in den Weinanbauländern des Mittelmeerraumes und in Ungarn produziert. Es wird aus den Kernen sonnengereifter Weintrauben gewonnen, deren Beeren bis zu fünf Samenkerne enthalten. Der Ölgehalt schwankt zwischen 6 und 20%.

Traubenkernöl hat einen hohen Gehalt an mehrfach ungesättigten Fettsäuren (70%) und wird von Feinschmeckern wegen seines aromatischen Geschmacks für Rohkost und raffinierte Salatsaucen eingesetzt.

Es wird durch Extraktion gewonnen und anschliessend raffiniert, da es im Rohzustand im allgemeinen ungeniessbar ist.

Avocadoöl

Die Avocado ist eine birnenähnliche Frucht mit einem in reifem Zustand grünen, weichen Fruchtfleisch und einem fast eigrossen harten Kern. Sie wächst heute hauptsächlich in Israel, Südafrika und an der Küste Südkaliforniens, wo sich die wunderschönen Avocadohaine über viele Kilometer hinweg erstrecken. Aus Südkalifornien kommt auch der Grossteil der Avocados, die zu Öl verarbeitet werden. Gewonnen wird es aus dem Fruchtfleisch (nicht aus dem Kern) der Avocado, das mit Wasser zu einem Brei versetzt wird. Durch sanftes Zentrifugieren wird anschliessend das weiche, hellgelbe Öl gewonnen. Grundsätzlich müssen bei diesem Prozess – auch bei der Reinigung des gewonnenen Öls von Restbeständen – keinerlei Chemikalien verwendet werden.

Im Geschmack relativ dezent, enthält Avocadoöl viele Vitamine (A, B, D und E sowie A_1, B_1 und B_2) sowie Lecithin und ist sehr lange haltbar, da

Avocadoöl, die Frucht und der Avocadokern.

es so gut wie niemals ranzig wird. Trotzdem ist der Anteil an gesättigten Fettsäuren bei diesem Öl vergleichsweise hoch (60–80%). Der Linolsäuregehalt liegt immerhin noch zwischen 12 und 24%.

In der Küche ist Avocadoöl beinahe universell verwendbar. Zur Herstellung von kalten Saucen, Mayonnaisen, Vinaigrettes und für Salate ist das Öl genausogut geeignet wie zum Fritieren (Achtung: je höher die Temperatur, desto nussiger der Geschmack des Öls) oder Braten – sehr gut ist es auch, um bei Bratkartoffeln das lästige Ankleben an der Pfanne zu verhindern.

Auch im kosmetischen Bereich findet Avocadoöl seit langem Verwendung, da es gut von der Haut aufgenommen wird und sich gleichmässig verteilt. Sogar vor ultraviolettem Licht soll es die Haut schützen. Nicht ganz billig und bei uns nur in Fachgeschäften erhältlich, zählt Avocadoöl in der Küche immer noch zu den Geheimtips.

Sonnenblumenöl

Wie schon Kartoffeln, Tabak, Kakao, Mais und Erdnüsse verdanken wir auch die leuchtendgelbe Sonnenblume den Indianern aus dem tropischen Mittel- und Südamerika.

Sonnenblumenkern mit Frucht darin.

Schon lange bevor Kolumbus an diesen Küsten landete, haben die Ureinwohner die Kerne der Sonnenblume zermahlen, um daraus Öl für Nahrung und Kosmetik zu gewinnen. 1569 brachten die Spanier die ersten Sonnenblumenkerne nach Europa. Aber jahrhundertelang diente diese Samenblume bei uns nur als Gartenzier.

Zu Beginn des 19. Jahrhunderts kam dann ein Bauer aus der Ukraine auf die Idee, Öl aus ihren Samen zu pressen. Und noch heute wird in der Sowjetunion und in den Balkanländern über die Hälfte der Weltproduktion (18 Mio. Tonnen) geerntet. Die Sonnenblume ist der drittgrösste Pflanzenöllieferant der Welt. Ausgerechnet in der UdSSR fand diese uramerikanische Pflanze offenbar ideale klimatische Bedingungen. Auf einem einzigen Hektar werden in der Sowjetunion im Durchschnitt 1,1 t Kerne geerntet.

Die einjährige Sonnenblume gehört zur Familie der Korb-

Blühendes spätsommerliches Sonnenblumenfeld.

blütler und kann bis zu 4 Meter hoch wachsen. Ihren Namen verdankt sie einem Phänomen, für das sie als Musterbeispiel gilt: Heliotropismus oder Phototropismus. So nennen Biologen die Drehungen und Krümmungen, die eine wachsende Pflanze auf sich nimmt, um den höchsten Anteil an Sonnenenergie mitzubekommen.

Schon als Knospe drehen sich die Blüten der Sonnenblume mit dem Lauf der Sonne, damit sich ihre Oberfläche immer im richtigen Winkel zum Einfall der Sonnenstrahlen befindet. Sie kommt erst nach der Reifung zur Ruhe.

Der Blütenstand einer Sonnenblume, dessen Durchmesser etwa 50 cm erreicht, enthält bis zu 2000 Sonnenblumenkerne. Die Früchte sind eigentlich Nüsse. Sie bestehen aus einer Schale und einem Kern, die fest miteinander verwachsen sind. Das Öl wird so-

Sonnenblume mit ihren Samen.

wohl aus geschälten wie auch aus ungeschälten Kernen gewonnen, wobei das Öl aus den ungeschälten Kernen bei Zimmertemperatur eine leichte Trübung aufweisen kann.

Die 1,0–1,2 cm langen Samen sind flach, von schwarzer, grauer oder weisser Farbe, gelegentlich sogar gestreift. Es

sind 55 verschiedene Sorten von Kernen bekannt.

Die ungeschälten Samen enthalten 34% Öl, die geschälten bis zu 63%. Das daraus gewonnene Öl hat fast den höchsten Anteil an Linolsäure (63%). Es ist dank seinem ebenfalls hohen Gehalt an Vitamin E nach Distelöl eines der biologisch wertvollsten Öle.

Hauptanbaugebiete sind neben der UdSSR und den südosteuropäischen Ländern Rumänien, Bulgarien und Ungarn, die USA und Argentinien.

Mohnöl

Die Pflanze, mit wissenschaftlichem Namen «papaver somniferum», ist vor allem durch die (un)heilbringende süchtigmachende Wirkung des Opiums bekannt.

Dabei ist die Mohnpflanze in den östlichen Mittelmeerre-

Frisch gepflückte, schwarze Sonnenblumenkerne.

gionen schon seit der Bronze- und Jungsteinzeit heimisch. Im Griechischen hiess sie «mekon», im Althochdeutschen «mago» oder «mahan».

Es war Karl der Grosse, der im Mittelalter den Mohnanbau in Europa ausweitete. Noch im 19. Jahrhundert sah man in Mitteldeutschland grosse Mohnfelder. Doch der Missbrauch des betäubenden Saftes hat zu immer strengeren Einschränkungen und zum völligen Verzicht auf den Anbau dieser Pflanze geführt. Mohnkapseln liefern heute die Grundlage für Opiate. Die Bedeutung des Mohns als Ölpflanze dagegen ist sehr gering. Sie wird in Mittel- und Südeuropa, Vorderasien bis Indien und China, Iran, in der UdSSR und der Türkei angebaut.

Verschiedene Kürbisfrüchte, aus deren Kernen Kürbiskernöl gewonnen werden kann.

Man unterscheidet zwischen schwarzem Mohn, auch Blaumohn genannt, dessen Kapseln sich bei der Reife öffnen, und Weissmohn, dessen Kapseln auch nach der Reife geschlossen bleiben. Das Mohnöl wird aus dem Samen gewonnen und ist kaltgepresst reich an mehrfach ungesättigten Fettsäuren (68%). Es ist besonders wohlschmeckend und wird hauptsächlich zum Anrichten von Rohkost und manchmal auch für Süssspeisen benutzt.

Tabaksamenöl

Der Vollständigkeit halber erwähnen wir auch diese seltene exotische Ölart, die bei uns allerdings kaum Verwendung findet.

Tabaksamenöl wird aus den Samen der Tabakpflanze gewonnen. Auch dieses Öl muss wegen seines starken Eigenge-

schmacks raffiniert werden, bevor es als wohlschmeckendes Speiseöl in den Handel gelangt. Es enthält 55 bis 77% Linolsäure.

Kürbiskernöl

Kürbiskernöl wird durch Auspressen der Kerne der verschiedenen riesigen Speisekürbisgurken gewonnen. Es hat ein intensives und doch sanftes Nussaroma, und seine Farbe variiert von stark grün bis fast schwarz-schillernd. Die eigentliche Heimat der Kürbispflanze ist Mittelamerika; die Ölproduktion findet jedoch vor allem in Ungarn statt.

Eine Spezialität ist das sogenannte Steirische Bauernkernöl von betont dunkler Farbe, das aus einer besonderen Kürbiszüchtung gewonnen wird. Der steirische Ölkürbis wächst in der fruchtbarsten Ecke Österreichs, der Südost-

Die Mohnblume liefert die Grundlage für die Herstellung von Opiaten.

ägyptischen Mumien sind al-
lesamt in Leinentücher gewik-
kelt. Die römischen Togen wie
auch die schlichten Kleider
Jesu Christi und seiner Jünger
zum Beispiel waren aus Lei-
nen gewoben, und die Segel
auf den Schiffen der Konqui-
stadores bestanden aus Lei-
nen.

Seit der Antike wurden aber
auch die Leinenkerne als
Nahrungsmittel verwendet, zu
Öl gepresst oder zu harten Ge-
bäcken verarbeitet.

Leinsamenöl wird aus den
kleinen braunen Samen der
Leinpflanze kaltgepresst. Es
ist von bräunlich-grünlicher
Farbe, hat einen hohen Fettgehalt (bis 40%) und ist reich
an mehrfach ungesättigten
Fettsäuren (bis zu 73%). Es
besitzt ausserdem wertvolle
Fettbegleitstoffe wie zum Beispiel Phosphatide (Lecithin)

steiermark. Er hat wenig
Fruchtfleisch und sehr viele
Kerne. Das Öl ist reich an
Fettbegleitstoffen und gut für
linolsäurereiche Diäten geeignet. Es ist sehr bekömmlich,
und man schreibt ihm schon
von alters her Heilkraft zu.

Etwa 2,5 Kilo getrockneter
Kürbiskerne ergeben einen Liter Öl (Fettgehalt 54%). Die
Bäuerinnen ernten heute noch
die Kerne von Hand, etwa 20
Kilo pro Tag. Dazu müssen
sie etwa 200 bis 250 Kürbisse
ausnehmen.

Leinöl

Die Leinpflanze, in Deutschland auch Flachs genannt, hat
eine fast so ehrwürdige Vergangenheit wie der Ölbaum.
Auch sie lässt sich bis in die
Jungsteinzeit zurückverfolgen
und hatte in allen hochentwik-
kelten Kulturen der Antike
grosse Bedeutung. Denn Lein
war der Grundstoff für jede
Bekleidung. In Ägypten, Palästina, Griechenland, Mesopotamien und Rom wurde Lein
im grossen Stil angebaut. Die

*Blühende Leinpflanze
(Flachs), aus deren Samen
das Leinöl gewonnen wird.*

und Schleimstoffe und hilft, wie Olivenöl, die hohen Cholesterinwerte zu senken.

Da Leinöl besonders schnell trocknet, wird es ausser zu Speisezwecken auch zur Herstellung von Lacken, Farben und Kunstharzen verwendet. Hauptanbaugebiete der Pflanze sind heute Argentinien, die USA und die Sowjetunion.

Baumwollsaatöl

Im Gegensatz zu den anderen Ölpflanzen ist das Öl der Baumwollpflanze eher ein Nebenerzeugnis. Über 4000 Jahre lang wurde Baumwolle hauptsächlich wegen ihrer spinnbaren Samenhaare angebaut. Die Samen waren nur ein wertloses Nebenprodukt. Erst seit etwa 100 Jahren wird aus der Baumwollsaat Öl hergestellt. Es gilt aufgrund seines hohen Linolsäuregehaltes (35–50%) als hochwertig und wird hauptsächlich für Ölmischungen und als Rohstoff bei der Margarineherstellung verwendet.

Die Baumwollpflanze gelangte schon 6000 v. Chr. von Indien nach Ägypten. Die Araber brachten sie nach Spanien und Sizilien. Heute ist sie über alle Kontinente verbreitet. Die Hauptanbaugebiete liegen in China, der südlichen Sowjetunion, den USA, Indien und Pakistan.

In Europa kann Baumwolle aus klimatischen Gründen nicht so gut gedeihen, so dass sich ein industrieller Anbau nicht lohnen würde.

Baumwollblüte und -frucht.

Zweig mit Baumwollblüte und Fruchtkapseln. Rechts daneben eine Fruchtkapsel vor der Reife, darunter ein einzelner Baumwollsamen mit seinen Fasern. Unten links eine reife Kapsel, in deren weissen Fasern 30–40 Samen eingebettet sind, daneben einzelne Baumwollsamen mit Fasern.

Die Pflanze gehört biologisch gesehen zur Familie der Malvengewächse. Die Blätter sind spiralförmig um die Zweige angeordnet. In den Blattachseln sitzen die kurzstieligen Blüten, aus denen sich walnussgrosse Früchte entwickeln. Nach der Reife springen diese lederartigen, dunklen Kapseln auf und geben 20 bis 40 erbsengrosse Samen frei. Diese sind dicht besetzt mit weissen Federbüscheln: der Baumwolle.

Nach der Ernte wird das Pflückgut getrocknet und kommt in Entkörnungsanlagen. Dort werden Samen von Baumwollfasern getrennt. Die Baumwolle geht zur Weiterverarbeitung in die Spinnereien und Webereien. Und die Samenkerne kommen zur Ölmühle.

Die Samen machen 70% des Erntegutes aus. Der Gewichtsanteil der Saat ist doppelt so hoch wie der der Fasern. Die Baumwollsamen enthalten 18–28% Fett. Das sogenannte «Cotton-Öl», das daraus gepresst wird, ist zuerst dickflüssig und rötlichschwarz. Es muss gefiltert, gereinigt und gebleicht werden, bis es schliesslich als geruch- und farbloses Speiseöl verwendet werden kann.

Verarbeitet wird dieses Öl hauptsächlich in den grossen Erzeugerländern Russland, China, den USA, Indien und Pakistan.

Maiskeimöl

Auch die Maispflanze verdanken wir den Indianern. Archäologische Funde haben erwiesen, dass diese prähistorische Kulturpflanze schon 5800 v. Chr. an der Küste Ecuadors angebaut wurde.

Sowohl in den Anden als auch bei den Inkas in Peru und Mexiko war der Mais ein wichtiges Nahrungsmittel. Bei den Ureinwohnern Mexikos gab es sogar einen besonderen Gott, der nur für diese Pflanze zuständig war. «Mondamin» war sein Name, und sein Antlitz kann heute noch auf einem erhalten gebliebenen Tempelfries in Chichen Itza, Yucatan (Mexiko), bewundert werden.

Angelehnt daran heisst heute ein berauschendes Getränk «Chicha», das die Indianer mit Vorliebe trinken und das nach einem alten Rezept aus Mais gebraut wird.

1492 lernte Christoph Kolumbus die Pflanze «Maiz» auf Kuba kennen. Er brachte sie mit nach Europa, wo sie sich unter den verschiedensten Namen schnell verbreitete: «Mahiz», «Welschkorn», «Türkischer Weizen», «Kukuruz» und «Indianerkorn». Die Kaufleute Venedigs brachten den Mais dann nach Indien und in den Fernen Osten. Schon im 16. Jahrhundert wurde Mais auch in China angebaut. Heute ist er neben Weizen und Reis die wichtigste Getreidepflanze der Welt. Die Hauptanbaugebiete sind Nord- und Südame-

Fast reife Maiskolben in einem Maisfeld.

Links oben:
Maiskolben mit
einzelnen
Maiskeimen,
darunter Mais-
blüte und ein
einzelner, auf-
geschnittener
Maiskeim.
Rechts daneben
Maisstiel mit
Wurzelansatz
und die Mais-
pflanze mit
ihren Fasern
und Ähren.

rika, wobei die USA allein schon die Hälfte der Welternte produzieren.

Mais wächst aber ausserdem noch in Brasilien, Argentinien, China, Südosteuropa, der UdSSR, Mexiko und Südafrika.

Auch in Europa wird er angebaut und findet im Norden hauptsächlich als sogenanntes Grünfutter für Vieh Verwendung. In wärmeren Gegenden lässt man ihn bis zur Reife heranwachsen. Inzwischen werden aus Mais fast 500 verschiedene Produkte hergestellt, wie zum Beispiel Griess, Mehl, Stärke, Brot, Gemüse, Margarine und Öl. Es gibt auch die verschiedenartigsten Züchtungen, zum Beispiel Zuckermais, Zahnmais, Pferdezahnmais und Puffmais.

Die Maiskörner werden auch als Rohstoff für die chemische und die pharmazeutische Industrie, für die Lebensmittelindustrie, die Papier- und papierverarbeitende Industrie

Der noch geschlossene Maiskolben mit seinen Fasern.

Weizenkeimöl

Dieses Öl wird, ähnlich wie beim Maisöl, durch Pressung oder Extraktion aus dem Keim des Weizenkorns gewonnen. Die Keime enthalten 7–12% Öl.

Weizenkeimöl weist von allen Speiseölen den höchsten Gehalt an Vitamin E auf und ist ebenfalls sehr reich an Vitaminen der B-Gruppe. Darum gilt es als beliebtes Diätöl und findet auch in der Kosmetikindustrie vielfältige Anwen-

sowie für viele andere, technische Industriezweige verwendet.

Biologisch gesehen gehört diese Pflanze, wie andere Getreidesorten, zur Familie der Gräser. Ihre Stengel oder «Sprossen» werden 3 bis 5 cm stark und wachsen bis zu einer Höhe von 2,50 m.

Unter der Schale des Maiskorns liegt das Nährgewebe mit den Hauptkomponenten unserer Nahrung: Kohlenhydrate, Fett (bis 45% Ölgehalt) und Eiweiss (Protein). Der eiweisshaltige Keim birgt das Keimöl, das durch Pressen oder Extraktion herausgelöst und raffiniert wird.

Der Linolsäuregehalt des Maiskeimöls liegt bei 52%. Es ist neutral im Geschmack und enthält viel Vitamin E. Kaltgepresstes Maiskeimöl ist ausserdem besonders reich an Phosphaten (Lecithin) und anderen wichtigen Fettbegleitstoffen.

Weizenkeimöl weist von allen Speiseölen den höchsten Vitamin-E-Gehalt auf.

dung. Kaltgepresst ist es goldgelb und von angenehmem
Geschmack, der an Getreide
erinnert. Da Vitamin E durch
Einwirkung von Sauerstoff
zerstört wird, sollte Weizenkeimöl möglichst nur frisch
und nur für kalte Speisen und
Salate verwendet werden.

Erdnussöl

Die Vergangenheit der Erdnuss ist nicht ganz so erhaben,
wie die der Olive. Aber auch
sie weist eine jahrtausendealte
Geschichte auf. Bei den Ausgrabungen der Inkastädte
fand man in Tonkrügen und
Metallgefässen in den Königs-
gräbern von Lima und Anco
(Peru) Erdnüsse. Daraus lässt
sich schliessen, dass die Erdnuss schon damals ein wichtiges Nahrungsmittel war. Die
Urheimat dieser krautartigen
Kulturpflanze ist Südamerika.
Sie hat sich aus einem wilden
Gewächs der brasilianischen
Steppe entwickelt. In Zentral-
brasilien sind noch heute zwei
wildwachsende Pflanzen dieser Art bekannt. Die Indianer
der südamerikanischen Tro-
penregion haben die Erdnusspflanze gezüchtet und kultiviert. Und die spanischen und
portugiesischen Eroberer
brachten sie dann im 16. Jahrhundert nach Europa.
Als erster hat ein spanischer
Grande, Fernandez de Oviedo, über die Neuentdeckung
berichtet. Er wirkte im Auftrag seiner katholischen Maje-
stät von 1513 bis 1524 in Kuba
und erwähnte in seinen Brie-

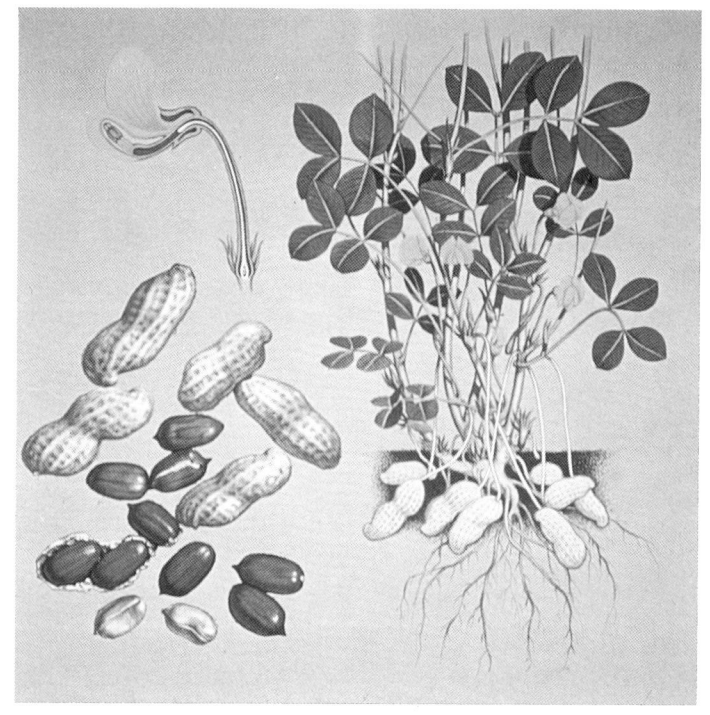

*Erdnusspflanze
mit Haupt-
wurzel und den
unter der Erd-
oberfläche her-
anwachsenden
Früchten. Links
oben: Blüten-
stiel mit Blüte.
Links unten:
Früchte mit
äusserer
Schale, mit
Samenschale
(braun) und
ohne Samen-
schale (gelb).*

fen «Mani, die klappernde
Nuss». So wurde sie von den
Eingeborenen genannt. Als
«Erdnuss» brachten sie die
Spanier und Portugiesen im
16. Jahrhundert nicht nur in
ihre Mutterländer, sondern in
ihre anderen Kolonien, nach
Afrika, Mexiko, den Philippinen, Indonesien und Nord-
amerika. Anfang des 18. Jahrhunderts dehnte sich das Anbaugebiet dann auch bis Indien und China aus.
Die Erdnuss spielte damals
auch eine Hauptrolle in einem
der traurigsten Kapitel der Zivilisation. Alten Berichten zu-
folge war sie das einzige Nahrungsmittel auf den Schiffen,
mit denen die bemitleidens-
werten afrikanischen Sklaven,
geraubt und in Ketten, nach

Amerika und Europa ver-
schleppt wurden.
Heute finden wir die Erdnuss
in Indien, China, West- und
Nordafrika sowie in den
USA. Rund drei Viertel der
Welternte (zwischen 3 und 4
Mio. Tonnen) werden direkt
in den Erzeugerländern verbraucht. Die Amerikaner zum
Beispiel verarbeiten fast ihre
gesamte Produktion zu der in
den USA überaus beliebten
Erdnussbutter.
Die Erdnusspflanze gehört
zur Familie der Schmetterlingsblütler. Sie ist ein einjäh-
riges, etwa 30 bis 60 cm hohes
Gewächs mit harten, kantigen
Stengeln und gefiederten Blät-
tern. Die langstieligen
Schmetterlingsblüten sind
leuchtend gelb und blühen

nur wenige Stunden. Die Erdnusspflanze bestäubt und befruchtet sich selbst. Danach entwickelt sie sich auf recht ungewöhnliche Weise. Nach der Blüte senken sich nämlich die Fruchtknoten am Ende ihrer langen Stiele bis zur Erde hinab und bohren sich fünf bis acht Zentimeter tief in den Boden. Somit vor Sonne, Trockenheit und selbst vor Waldbränden geschützt, reifen die Samenkerne im Dunkeln der Erde zu Früchten heran. Diese «Erdnüsse» sind

offenbar ganz empfindsame, scheue Früchtchen, die ihre wertvollen Eigenschaften gut verbergen. Es reicht ihnen nicht, dass sie tief unter der Erde, den Blicken entzogen, heranreifen. Sie sind da unten auch noch – doppelt verpackt. Die gelblich-weissen Kerne sind zuerst von einer dünnen, rotbraunen Schale umgeben und liegen so geschützt in einer zweiten, harten, gelben und runzligen Schale.

Diese äussere Schale ist so widerstandsfähig, dass eine weitere Verpackung für den Transport nicht notwendig ist. Darum werden die Erdnüsse nach der Ernte meist ungeschält exportiert. Die Kerne werden erst in den Ölmühlen von den Schalen getrennt.

Die Erdnusskerne haben einen hohen Ölgehalt von 40–50%. Und Erdnussöl ist reich an mehrfach ungesättigten Fettsäuren (42%). Es ist leicht verdaulich und gut bekömmlich. Als sehr oxidationsbeständiges Öl ist es auch stark erhitzbar.

Wie Olivenöl «flockt» auch Erdnussöl bei Temperaturen unter 13 °C aus.

Das Erdnussöl wird durch Auswaschen oder Extraktion gewonnen und anschliessend raffiniert. Es ist daher farblos und hat einen sehr milden Geschmack. Die Erdnusskerne sind auch sehr reich an Eiweiss (24–35%). Darum ergeben die bei der Ölgewinnung anfallenden eiweissreichen Rückstände (Erdnusspresskuchen) ein hochwertiges Viehfutter.

Raps- und Rüböl

Der Name Raps kommt aus dem Lateinischen Wort «rapun» und bedeutet Wurzel oder Rübe. Die Rapspflanze ist, ebenso wie die ihr verwandte Rübsenpflanze schon seit etwa 4000 Jahren bekannt. Sie wurde sowohl in China als auch in Indien als Gemüse angebaut.

Der Feldanbau in Europa begann im 17. Jahrhundert. Das Öl aus diesen beiden Pflanzen wurde als Brennstoff für Öllampen, als Schmiermittel sowie zur Seifenherstellung benutzt. In der Ernährung spielte Rapsöl früher keine bedeutende Rolle, denn die in grossen Mengen darin enthaltene Erucasäure kann der Gesundheit schaden. In den letzten zwanzig Jahren wurde Raps deswegen völlig umgezüchtet. Bei den heute angebauten Sorten ist nur noch 1% Erucasäure feststellbar.

Die Pflanze wird darum «00-Raps» genannt und enthält jetzt Linolsäure, Lecithin, Vitamin A sowie Carotin. Raps wächst in Indien, China, Kanada und Polen und in Westeuropa vorwiegend in Frankreich, Schweden, Mittel- und Norddeutschland.

Raps ist ein krautartiges, etwa 1,50 m hohes Gewächs mit dunkelgrünen Blättern. Es wird im Herbst als Winterraps ausgesät.

Raps gehört wie Kohl und Rettich zur Familie der Kreuzblütler. Nach ihrer Bestäubung entwickeln sich die Fruchtknoten zu 5–10 cm lan-

Seit über 4000 Jahren bekannt: Raps, hier in vollster Blüte stehend.

Die Blüten einer Raps-pflanze.

gen Schoten, die bis zu 20 runde, rote bis schwarze Samen enthalten. Der ausgereifte Raps wird im Spätsommer geerntet und künstlich nachgetrocknet.

Rübsen unterscheiden sich vom Raps lediglich durch einen schwächeren Stengel, kleinere Blüten sowie kleinere und hellere Samen. Der Ölgehalt der Samen liegt zwischen 35 und 45% bei Raps, zwischen 30 und 40% bei Rübsen. Raps und Rübsen lassen sich in zweifacher Weise nutzen:

Die bei der Ölgewinnung – durch Pressen und Extraktion – anfallenden Pressrückstände werden als Kraftfutter benutzt. Dieser sogenannte Rapskuchen besitzt einen hohen Eiweissgehalt.

Der strenge Geschmack des Rohöls verschwindet nach der Raffination. Das Öl sieht da-

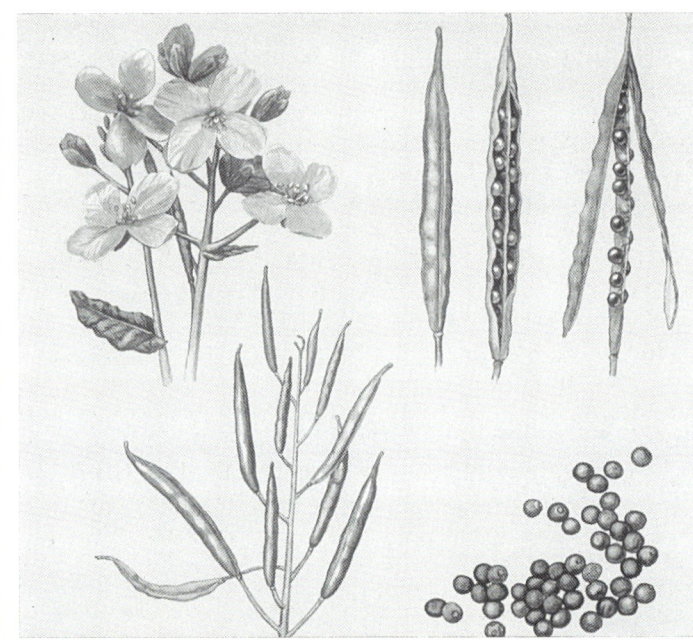

geraubt, sich in der Wüste von den Früchten dieser wilden Ranke ernährte und so überleben konnte.

Vor fast 5000 Jahren, im Jahre 2838 v. Chr. hat der chinesische Kaiser und Gelehrte Shen-Nung als erster in seinem Buch «Peng B'ao Kong Mu» die Sojapflanze beschrieben. Im alten China gab es nämlich fünf «heilige» Pflanzen: Reis, Weizen, Gerste, Hirse und eben «sou», die «Grosse Bohne».

Die heutigen Bezeichnungen wie «Soja», «Soy», «Soybean» oder «Soya» leiten sich alle von diesem chinesischen Wort ab. «Sou», die Grosse Bohne ist also schon sehr früh in chinesischen Wörterbüchern zu finden. Und ebenso in zahlreichen uralten medizinischen Büchern. Dort wird die Sojapflanze an zweiter Stelle unter den Arzneimitteln genannt. Als Heilmittel für Erkrankungen des Herzens, der Leber, der Niere, des Magens und des Darms.

Schon Mitte des zweiten Jahrhunderts v. Chr. war Tofu «Sojakäse» die karge Kost der Taoisten, später auch der Buddhisten. Und Mönche brachten die Sojabohne später auch nach Japan. In China werfen die buddhistischen Priester heute noch beim Fest «Setsubu» zu Jahresbeginn, Sojakerne in den Tempel. Das soll die Dämonen verjagen und Glück bringen. Die Gläubigen sammeln die Kerne dann wieder ein, um Glück und Segen fürs neue Jahr nach Hause zu tragen. Die Pflanze

nach hellgelb aus und wird sowohl als Speiseöl als auch für die Margarineherstellung verwendet.

Sojaöl

Die Sojapflanze gehört zu den ältesten Kulturpflanzen unse-

rer Erde. In der asiatischen Welt nimmt sie etwa den gleichen Stellenwert ein, den in unserer westlichen Zivilisation der Olivenbaum hat. Der Sage nach soll sie für die menschliche Ernährung vor Tausenden von Jahren entdeckt worden sein, als eine Karawane, von Banditen aus-

Die Sojapflanze, hier ihre Blüten, gehört zu den ältesten Kulturpflanzen der Welt.

war so wichtig, dass der Kaiser von China sie persönlich zusammen mit den vier anderen heiligen Pflanzen jedes Jahr in einer rituellen Handlung aussäte. Der Botaniker Engelbert Kaempfer machte die Sojabohne in Europa bekannt. Er hatte sie schon bei einem Japan-Aufenthalt 1691–1692 kennengelernt und brachte sie dann 1712 mit nach Deutschland. Dreissig Jahre später, 1740, wurden im botanischen Garten von Paris die ersten erfolgreichen Zuchtversuche unternommen.

Nach Amerika gelangte die Sojabohne Anfang des 19. Jahrhunderts. In dieser Zeit wurde die Pflanze auch in Australien, Afrika und Südamerika eingeführt. Die ersten asiatischen Emigranten sorgten dann nach und nach da-

für, dass die Amerikaner überhaupt erfuhren, was alles in der Sojabohne steckt.

Einer der Soja-Begeisterten soll der Autokönig Henry Ford gewesen sein. Er lud in den fünfziger Jahren zu einem eiweissreichen Dinner ein. Es gab wie üblich Suppe, Steak, Salat, Käse und Eiscreme. Erst anschliessend beim Verdauungs-Cognac eröffnete der Automogul seinen überraschten Gästen die Besonderheit des Menüs: Jedes Gericht war aus Soja zubereitet. Bevor es bei uns Fuss fasste, kam Soja fast ausschliesslich aus der Mandschurei und aus China. Aber Wirtschaftskrisen und Kriege sorgten schon bald dafür, dass sich die Pflanze über die gesamte westliche Hemisphäre ausbreitete.

England spielte dabei eine Schlüsselrolle. Denn im Jahre 1908 gab es infolge von Rohstoffknappheit einen argen

Engpass bei den englischen Ölmühlen. Schlechte Baumwollernten, knappe Leinsaaterträge zwangen die Besitzer, aus Not erfinderisch zu werden.

Sojabohnen waren zu dieser Zeit zu Schleuderpreisen zu haben. Um die japanischen Truppen während des Russisch-Japanischen Krieges 1904–1905 zu versorgen, hatte man nämlich den Soja-Anbau in der Mandschurei gewaltig ausgedehnt. Nach Kriegsende stand nun eine riesige Überproduktion zur Verfügung.

In den brachliegenden englischen Ölmühlen wurden also, probeweise, drei Schiffsladungen mandschurischer Sojabohnen verarbeitet. Entgegen allen Erwartungen war das Resultat ausgezeichnet, und die Verarbeitung hatte nicht die geringste Schwierigkeit bereitet.

Das war wie eine Offenbarung. Bereits im folgenden

Links: Die heranreifenden, behaarten Hülsen der Sojabohne. Rechts: Eine der ca. 70 Züchtungen: gelbe Sojabohnen.

Jahr wurden daraufhin 400 000 Tonnen Sojabohnen zur Ölgewinnung importiert. Heute stammen von den 4,5 Millionen Tonnen pflanzlicher Fette, die allein im EG-Raum verbraucht werden, 30% aus Sojaöl. Die Bundesrepublik Deutschland ist neben Japan der grösste Importeur der Welt. Jeder Bundesbürger verbraucht etwa 6 kg Sojaöl pro Jahr, dreimal mehr als Sonnenblumenöl, was sogar über dem Butterverbrauch liegt.

Inzwischen haben sich die USA zum grössten Produzenten von Soja entwickelt. Auch dafür war wieder ein Krieg verantwortlich, denn die Wirtschaftsblockade der Achsenmächte während des Zweiten Weltkrieges hatte die USA von den Soja exportierenden Ländern wie China abgeschnitten. Da die Sojapflanze aber an den Boden ähnliche Ansprüche stellt wie der Mais, erweiterten die USA daraufhin ihre eigene Sojaproduktion im sogenannten «Maisgürtel» der USA, den fruchtbaren Weiten des mittleren Westens. Heute produzieren die USA fast 90% der Sojaernte der Welt.

In den letzten 30 Jahren haben westliche Ernährungswissenschaftler die Sojabohne als eines der gesündesten, weil nährstoffhaltigsten Lebensmittel wiederentdeckt.

Am interessantesten für die menschliche Ernährung ist der hohe Eiweissgehalt (Protein) von Soja, der den Proteinen von Fleischerzeugnissen

INHALTS-STOFFE SOJABOHNE

17% Öl
38% Eiweiss
26% Kohlehydrate
10% Feuchtigkeit
7% Mineralstoffe
2% Phosphate

FETTSÄUREN SOJAÖL

62% mehrfach ungesättigte Fettsäuren
24% einfach ungesättigte Fettsäuren
14% gesättigte Fettsäuren

in keiner Weise nachsteht. Direkt verzehrt, zum Beispiel in Form von Tofu, hätte die Sojaernte von 1983 (ca. 10 Mio. Tonnen) fast die Hälfte der Weltbevölkerung mit dem notwendigen Minimum an Eiweiss versorgen können.

Soja-Eiweiss enthält alle wichtigen Aminosäuren, Vitamine der B-Gruppe und Vitamin E, ausserdem Mineralstoffe und Spurenelemente. Da Soja arm an Natrium, aber reich an Kalium ist, eignet es sich besonders zur Ernährung von an Bluthochdruck Erkrankten.

Botanisch gesehen ist die Sojapflanze eine Hülsenfrucht wie die Erbse und gehört zur Familie der Schmetterlingsblütler. Sie ist eine einjährige Pflanze von unterschiedlicher Wuchshöhe (25–200 cm). An einem dünnen, rostbraunen und dicht behaarten Sten-

gel sitzen die langstieligen, dreiteiligen Blätter. Aus purpurroten, weissen oder hellvioletten Blüten entwickeln sich borstig behaarte Hülsen, die eine bis vier Bohnen enthalten. Es gibt grosse und kleine, längliche und runde, eiförmige und plattgedrückte Sojabohnen. Sie können je nach Art gelb, grün, braun, schwarzviolett oder gescheckt sein. Es gibt heute an die 70 verschiedene Züchtungen. Am häufigsten wird die ovale, gelbe Sojabohne angebaut. Die Sojapflanze braucht einen warmen Sommer und kaum Niederschläge. Sie benötigt tagsüber viel Sonne, aber auch lange Nächte, um die aufgenommene Sonnenenergie in Öl und Eiweiss umzuwandeln. Soja ist mit Ausnahme der Erdnuss sicher die einzige «Wunderpflanze», die innerhalb einer Vegetationszeit von nur 100 Tagen solche Mengen an Nährstoffen zu produzieren vermag. Sie ist aufgrund ihrer hohen Assimilationskraft in der Lage, bis zu 4% der auf sie einstrahlenden Sonnenenergie in organische Substanzen umzuwandeln. Das ist etwa das 40fache der durchschnittlich von der Vegetationsdecke der Erdoberfläche erzielten Ausnutzung der Sonnenenergie.

Die Sojabohne enthält bis zu 46% hochwertiges pflanzliches Eiweiss, etwa 20% Fett, 20–24% Kohlenhydrate, 2% des wichtigen Nervenaufbaustoffes Lecithin, das unter anderem auch das gefährliche Cholesterin im Blut auflöst und somit der Arteriosklerose entgegenwirkt.

Ausserdem besitzt die Sojabohne 5–6% wichtiger Mineralien wie Kalzium, Phosphor, Eisen, Jod, Kupfer, Magnesium und viele Vitamine.

Zur Reifezeit sehen die Felder gelblichbraun aus. Die Blätter vertrocknen und fallen ab. An der Pflanze verbleiben nur Stiele, Stengel und die Hülsen mit den Bohnen. Sie werden mit Mähdreschern geerntet und lose zu den Ölmühlen transportiert.

Das Öl wird aus den Bohnen durch Pressen und Extraktion gewonnen und anschliessend raffiniert. Sojaöl gibt es meist in Flaschen mit dem Etikett «Delikatessöl», «Pflanzenöl» oder «Speiseöl». Erst allmählich beginnen die Hersteller, auch die Bezeichnung Sojaöl zu benutzen. Darüber hinaus ist Sojaöl in fast allen Mischölen enthalten. Es wird für die Margarineherstellung, für Koch-, Brat- und Fritierfett sowie in Mayonnaise und in der Fischkonserven- und Feinkostindustrie verwendet. Auch für Backwarenhersteller und die kartoffelverarbeitende Industrie stellt es ein unentbehrliches Hilfsmittel dar. Weitere Verwendungsgebiete sind die Tiernahrung (Futteröl) und die Technik (Herstellung von Lacken, Firnissen und Schmiermitteln).

Die asiatischen Völker kennen Soja seit Jahrtausenden als Grundnahrungsmittel. Dort wird die Grosse Bohne gekocht, geröstet, zu Mehl vermahlen, zu Käse (Tofu) verarbeitet oder als Sauce verwendet, als Sojamilch, -essig, -bier und Sojabrot verzehrt.

Die Hauptanbaugebiete sind heute neben den USA Brasilien, China und Argentinien. Mit Abstand folgen Indien, Indonesien und Italien.

Sojaernte im grossen Stil in den USA.

Öle und Fette aus Palmen und Kokosnüssen

Aus dem Fleisch der Kokosnuss, «Kopra» genannt, und aus den Kernen und dem Fruchtfleisch der Ölpalme werden Öle gewonnen, die in dem warmen Klima der Erzeugerländer flüssig sind. In unseren Breitengraden jedoch erstarren sie wegen der verhältnismässig niedrigen Temperatur zu Fett. Wir kennen sie daher unter dem Namen *Kokosfett, Palmöl* (oder Palmfett).

Die Kokospalme wird schon seit etwa 4000 Jahren genutzt. Jahrhundertelang lieferte sie den Menschen in den Tropen alles, was sie zum Leben brauchten: Essen und Trinken (in Form von Kokosfleisch, Palmzucker, Kokosmilch, und Palmwein), Baumaterialien (Holz für Hütten und Boote, Bast für Stricke und Matten) und sogar die Trinkschalen. Sie ist damit eine der vielseitigsten Kulturpflanzen.

Da die Kokospalme Luft mit einem hohen Salzgehalt verträgt, wächst sie besonders gut in Küstennähe. Man findet sie heute auf den Südsee-Inseln, auf Sri Lanka, an den Küsten Indiens, Afrikas, Mittel- und Südeuropas. Ihre Hauptanbaugebiete aber sind immer noch die Philippinen, Indonesien, Indien, Malaysia und Mexiko.

Seit 1740 wird sie systematisch in Plantagen angebaut, die von portugiesischen, holländischen und deutschen Kolonialherren angelegt wurden. Und seit 1820 wird Kopra, das getrocknete Fruchtfleisch der Kokosnuss, auch in europäischen Ölmühlen zu Fett verarbeitet. Kokospalmen tragen erst vom siebten Jahr an Früchte. Nach dem 15. Jahr liefert die Kokospalme 50 bis 100 Kokosnüsse, die nacheinander wachsen und somit das ganze Jahr über geerntet werden können.

Die reife Kokosnuss ist so gross wie der Kopf eines Kindes und besteht aus mehreren Schichten. Aussen ist sie mit einer dünnen, gelblichbraunen, lederartigen Oberhaut bedeckt. Darunter liegt die dickere, braunrosa Bastschicht, die Kokosfaser. Sie

Der beschwerliche Weg zur Kokosnuss. Das Holz der Kokospalme wird auf den Südseeinseln auch als Baumaterial verwendet.

Kokospalmen liefern jährlich 50–100 Kokosnüsse, die nacheinander wachsen und somit das ganze Jahr über geerntet werden können.

umschliesst eine harte, kugelförmige Steinschale, die den Samen enthält. Er besteht aus einer 1–2 cm dicken Schale aus Fruchtfleisch, das eng an der Innenseite der Steinschale haftet. In der Mitte befindet sich ein Hohlraum, der mit einer wasserhellen, süsslich schmeckenden Flüssigkeit, der Kokosmilch, gefüllt ist.

Von wirtschaftlicher Bedeutung sind heute die Kokosfaser und das ölhaltige Fruchtfleisch.

Zur Weiterverarbeitung werden die Kokosnüsse nach der Ernte von der Faserschicht befreit, aufgeschlagen und an der Sonne getrocknet. Dadurch löst sich die weisse, stark ölhaltige (63–70%)

Fleischschicht von der Schale. Das so gewonnene Kopra wird hauptsächlich in die europäischen Länder mit grossen Ölmühlen, wie Holland, Frankreich und die Bundesrepublik Deutschland, exportiert. Aus einem Kilo Kopra gewinnt man etwa 650 g Kokosöl (oder Fett). Das im Handel erhältliche reine Kokosfett ist von schneeweisser Farbe, hat einen zarten Nussgeschmack und wird hauptsächlich als Rohstoff für die Margarineherstellung, als Bratfett oder für die Süsswarenindustrie benutzt. Der Linolsäuregehalt ist mit 2% sehr gering.

Die Ölpalme mit ihren federähnlichen Wedeln (Blättern) wächst im tropischen Afrika, in Südostasien und Südamerika. Sie gedeiht gleich gut im Urwald, an Flussläufen und in Sumpf- und Gebirgsregionen. Die ersten Berichte über die Ölpalme und das aus ihren Früchten gewonnene Öl stammen von portugiesischen Seefahrern, die im Jahr 1434 die Küste von Guinea erreichten. Heute liegen die Hauptanbaugebiete in Malaysia, an der westafrikanischen Küste rund um den Golf von Guinea. Vom dritten Jahr an trägt die Ölpalme Früchte. Vom zwölften Jahr an ist sie voll ertragsfähig und bleibt ungefähr 60 Jahre lang fruchtbar. Sie kann bis zu 120 Jahre alt werden.

Die pflaumengrossen, kastanienähnlichen Früchte sind wegen ihres hohen Gehaltes an Carotin (Provitamin A) orangerot. Der Fruchtstand sieht aus wie ein grosser Igel und kann bis zu 200 Früchte tragen bei einem Gewicht von bis zu 60 kg. Die Frucht selber besteht aus dem weichen, gelbroten ölhaltigen (60–70%) Fruchtfleisch, den ölhaltigen (40–50%) Palmkernen und einer harten, braunen Nussschale.

Wie bei der Kokospalme reifen auch diese Früchte in der Tropensonne unentwegt und können das ganze Jahr über geerntet werden.

Die Ölpalme liefert zwei verschiedene Öle (bzw. Fette): das Palmkernöl (oder -fett) und das Palmöl (oder -fett).

Die frischen Früchte werden zunächst mit Wasserdampf sterilisiert. Dann trennt man durch Schütteln die Früchte vom Fruchtstand. Durch Pressen und Schleudern des Fruchtfleisches wird das Palmöl bereits in den Anbauländern gewonnen. Es ist dunkelgelb bis gelbrot, riecht veilchenartig und schmeckt süsslich. Nach dem Erstarren hat es eine butterähnliche Konsistenz und wird ebenfalls zur Margarineherstellung in der Lebensmittelindustrie verwendet.

Aus den Kernen der Ölpalmfrucht wird das Palmkernöl (oder -fett) gewonnen. Dazu werden die Kerne bei 60 °C getrocknet, maschinell aufgebrochen, und es wird ihnen durch Pressen das Öl entzogen.

Der Linolsäuregehalt von Palmöl beträgt 10%, von Palmkernöl nur 2%.

Im brasilianischen Urwald wächst noch eine weitere Palme mit ölhaltigen Früchten, die *Babassupalme*. Ihre 3 cm langen Kerne haben einen Ölgehalt von 63%, das heisst,

Links oben: männliche und (grössere) weibliche Blüte. Darunter: Querschnitt durch eine Kokosnuss mit Oberhaut (dunkelbraun, glänzend), Faserschicht (hellbraun), der dünnen Steinschicht (fast schwarz) und dem weissen Kern- bzw. Fruchtfleisch. Rechts: Blütenstand mit grünen Hüllblättern und gelben Rispenblüten.

*Haben einen hohen Gehalt an Carotin (Provitamin A):
Die Früchte der Ölpalme.*

Jojobaöl

Dieses Öl wird aus den Früchten des Jojobastrauches gewonnen. Es enthält ein bisher unbekanntes Öl, das in seiner chemischen Struktur nicht mit Speiseöl vergleichbar ist. Es gleicht eher einem flüssigen Wachs oder dem sogenannten Walrat. Dieses befindet sich in der Gewebemasse am Vorderteil des mächtigen Kopfes des Pottwals. Auch diese ölhaltige Flüssigkeit erstarrt an der Luft zu einem weissen Wachs. Gebraucht wird Walrat vor allem in der Feinmechanik, der Kosmetik und der Pharmaindustrie. Um der drohenden Ausrottung der Pottwale vorzubeugen, musste sich die Industrie nach vergleichbaren Ersatzstoffen umsehen. Als der US-Kongress 1975, unter dem Druck der Öffentlichkeit, die Einfuhr von Walrat verbot, besann sich die Industrie auf die Jojobapflanze, die hauptsächlich in Arizona und der Sonora-Wüste in Mexiko wächst.

Jojoba ist ein verhältnismässig niedriger, jedoch reich verzweigter und immergrüner Strauch, der in diesen Trockengebieten wild wächst. Die Indianer kannten das Gewächs seit Menschengedenken und nannten es «Jojowi». Sie benutzten das Jojobaöl zur Wund- und Haarpflege. In ihren Reservaten sammeln die Apachen heute noch jährlich Jojobasamen und verkaufen sie. Der jährliche Handelsbedarf ist allerdings noch ziemlich klein (5 Mio. Kilo), und

aus 15 kg Samen können etwa 10 kg Öl gewonnen werden.

Dieses Öl, das bei unseren klimatischen Verhältnissen ebenfalls zu einem weissen Fett erstarrt, riecht ähnlich wie das Kokosöl angenehm nussartig und könnte ebenfalls zur Margarineherstellung verwendet werden. Der Mangel an Transportwegen, das extreme Klima der Urwaldgebiete und die immer weiter fortschreitende Abholzung haben aber bisher die wirtschaftliche Nutzung dieser enormen Fettreserven verhindert. Das in nur geringen Mengen gewonnene Babassuöl wird im eigenen Land verbraucht.

Wächst nur (noch!) im brasilianischen Regenwald: Die Babassupalme mit ihren äusserst ölhaltigen Kernen.

FETTGEHALT VERSCHIEDENER SAMENKERNE	
Apfelkerne	20%
Aprikosenkerne	39%
Bergahornsamen	13%
Birkensamen	40%
Birnenkerne	30%
Bucheckern	20%
Ebereschensamen	22%
Eichen	3– 4%
Eschensamen	26%
Hagebuttenkerne (Rosensamen)	8%
Haselnusskerne	bis 65%
Kastanien	2,3– 4%
Kiefern-, Fichten- und Tannensamen	25–30%
Kürbiskerne	33–40%
Leinsamen	35–40%
Lindensamen	28%
Maiskeime	30–40%
Mohnsamen	40–50%
Pfirsichkerne	44%
Pflaumenkerne	34–42%
Quittensamen	12%
Raps- und Rübsensamen	30–45%
Saflor oder Färberdistel	25–35%
Sonnenblumenkerne	22–32%
Spitzahornsamen	19%
Tabaksamen	30–36%
Tomatenkerne	25%
Walnuss	50–65%
Samen der Weinrebe	6–20%
Weizenkeime	7–12%

darum ist das Jojobaöl noch relativ kostspielig. Doch die Wissenschaft ist mit diesem Öl, das wie Fett aussieht und wie Fett schmeckt, chemisch jedoch ein Wachs ist, geradezu fieberhaft beschäftigt. Noch wird es nur für industrielle Zwecke und neuerdings auch in der Kosmetik genutzt. Versuche, das Jojobaöl auch der Ernährung nutzbar zu machen, haben aber bereits begonnen. Denn ein Umstand macht das Jojobaöl gerade für diesen Bereich hoch interessant: Es hat keine Kalorien! Es widersteht allen Säuren unserer Verdauungsapparatur und wird unverdaut wieder ausgeschieden. Ausserdem kann es bis auf 300 °C erhitzt werden und ist über Jahre haltbar. Botanisch gehört Jojoba zur Gattung der Buchsbaumgewächse und ist zweihäusig. Der Strauch trägt entweder nur weibliche oder nur männliche Blüten. Die Sträucher blühen im dritten Jahr zum erstenmal. Die Früchte sind ledrige Kapseln, deren weisse Samen die Grösse einer Kakaobohne erreichen (ca. 1 cm).

Die ölhaltigste Ölpflanze der Welt: Babussafrucht.

Jojobastrauch, -kapseln und Jojobaöl, das allerdings zur Ernährung noch nicht genutzt werden kann, dafür jedoch hochinteressant wäre: es hat 0 Kalorien!

Die wichtigsten Ölsaaten für die Margarine-Herstellung.

Die wichtigsten Ölsaaten für die Margarine-Herstellung.

EINE PERLE FÜR NAPOLEON – DIE MARGARINE

Margarine wird heute zu 80% aus pflanzlichen Ölen hergestellt. Die Hauptfettlieferanten sind dabei Sojabohnen, Sonnenblumenkerne, Baumwollsaat, Erdnüsse, Raps, Mais, Kokos- und Palmfett. Das war nicht immer so. Er-funden wurde die «Kunstbutter» vor ungefähr 100 Jahren. Vorher standen bei den Menschen neben Öl vor allem tierische Fette auf dem Speiseplan. Für die feinen Leute gab es immer schon die «gute Butter», für die Armen dagegen Speck, Schmalz, Rindertalg oder Hammelfett. Weil die Bevölkerung im 19. Jahrhundert aber rasch anwuchs und gleichzeitig mit dem Beginn des Industriezeitalters die Landflucht einsetzte, deckte das Fettangebot in Europa bald nicht mehr den Bedarf. Die Folge war: Das Fett wurde zur unerschwinglich teuren Mangelware. Die Menschen aber brauchten Fett jetzt dringender als je zuvor. Nicht zuletzt deswegen, weil in den neuen Fabriken die Zeit fehlte, um eine warme Mahlzeit zuzubereiten. Um ihren Kalorienbedarf zu decken, hatten die Arbeiter auf mit Fett bestrichene Brote zurückgegriffen. Es schlug sozusagen die Stunde des «Butterbrots».

Der Erfinder der Margarine:
Hippolyte Mège-Mouriès.

Wie oft in der Geschichte der Zivilisation schaffte auch hier ein Krieg Abhilfe. Denn Napoleon III., der seine Militärmacht über ganz Europa ausdehnen wollte, sah es mit Sorge, dass seine Soldaten mangels ausreichender Fettversorgung schwächer und lustloser wurden. Er beauftragte 1867 den französischen Chemiker Hippolyte Mège-Mouriès damit, ein Streichfett «für die Versorgung der Armee, der Streitkräfte und der unteren Schichten der Bevölkerung zu entwickeln.

Das neue Fett, so waren die Auflagen, sollte billiger und von besserer Haltbarkeit sein als die Butter. Mège-Mouriès untersuchte also zunächst die Butter, ja er ging noch weiter zurück und beschäftigte sich erst einmal mit der Kuh! Er versuchte, den Vorgang der Fettherstellung in ihrem Körper nachzuvollziehen und be-

obachtete, dass Kühe selbst dann Milch und Milchfett produzieren, wenn sie tagelang kein Futter zu essen bekommen. Daraus schloss Mège-Mouriès, dass das Butterfett aus dem Reservefett der Tiere stammt, aus dem Rindertalg. Das nahm er – ergo – zur Ausgangsbasis für seine Versuche. Er erhitzte im Laboratorium Rindertalg, liess das reine Fett ausschmelzen und erkalten. Durch Pressen gewann er anschliessend die öligen, weichen Bestandteile, die sogenannte Oleomargarine. Dieses neutrale Fett verbutterte er mit Magermilch: Die Margarine war geboren.

Seinen Namen erhielt dieses Kunstprodukt wegen seines perligen Schimmers. Wenn es schon eine Speise für die Armen und für die Soldaten sein sollte, dann wenigstens mit einem edlen Namen. «Margaron» heisst auf griechisch nämlich «Perle». Das Herstellungsverfahren für die Margarine liess sich Mège-Mouriès 1869 patentieren.

Von 1874 an wurden in Europa und Amerika bereits grosse Mengen von Margarine in extra zu diesen Zwecken entstandenen Fabriken produziert. Die Nachfrage nach dem butterähnlichen Fett, das nur halb soviel kostete wie Butter, stieg rapide. Bereits um die Jahrhundertwende wurden allein in Deutschland

Mit einer Fetthackmaschine wird das Rinderfett zerkleinert.

In Bottichen, die mit Dampf beheizt wurden, wird das Fett aus dem Talg und dem Fettgewebe ausgeschmolzen.

Das gefilterte und gereinigte flüssige Fett kommt in Formen, in denen es erkaltet.

becher verkauft werden. Die ständig wachsende Nachfrage führte aber bald wieder zum ursprünglichen Problem: zur Knappheit der traditionellen Rohstoffe, denn auch Rinder-

talg stand nicht unbegrenzt zur Verfügung.

Das war die grosse Stunde der pflanzlichen Fette. Es war ein deutscher Wissenschaftler, der Chemiker Wilhelm Nor-

Mit einer Presse und jeder Menge Menschenkraft werden die öligen Bestandteile (Olein) aus den erkalteten Presspaketen ausgequetscht.

100 000 Tonnen Margarine hergestellt. Und die korrekten Preussen sahen sich deswegen genötigt, das erste «Margarine-Gesetz» zu erlassen.

1897 bestimmte Kaiser Wilhelm, dass Margarine, um sie von der Butter zu unterscheiden, in einer anderen Form in den Handel kommen musste. Margarine durfte von da an nur noch als quadratischer Würfel oder im runden Papp-

DIE UNTERSCHIEDE ZWISCHEN MARGARINE UND HALBFETTMARGARINE

Die Zusammensetzung von Margarine

80,0%	meist pflanzliche Fette und Öle
19,0–19,2%	Sauermolke und Wasser
0,1– 0,4%	andere Fettstoffe zum Emulgieren (Lezithin, Monoglyzeride)
0,2%	Kochsalz
0,1– 0,4%	Carotin, Provitamin A, Vitamine A, D, E, natürliche und naturidentische Aromastoffe, Zitronensäure

Die Zusammensetzung von Halbfettmargarine

39,0–41,0%	pflanzliche Fette und Öle
58,5–59,5%	Sauermolke und Wasser
0,5– 2,0%	Gelatine
0,4%	Salz
0,3– 0,4%	andere Fettstoffe zum Emulgieren (Lezithin, Monoglyzeride)
0,03– 0,1%	Carotin, Provitamin A, Vitamine A, D, E, natürliche und naturidentische Aromastoffe, Zitronensäure

man, der schliesslich mit Hilfe von Wasserstoff Öle in Fett verwandelte. Mit viel Elan gingen von dem Augenblick an die europäischen Kolonialherren daran, in ihren tropischen und subtropischen Plantagen ölhaltige Pflanzen zu kultivieren.

Noch heute importieren die europäischen Länder die Rohstoffe aus den Erzeugerländern, von denen viele ehemalige Kolonien sind, um sie dann hier bei uns zu pflanzlichen Ölen und hochwertigen Margarinen zu verarbeiten.

Die nun streichfähige Margarine wird geknetet, danach in Fässer abgefüllt und verpackt.

In hölzernen Mischtrommeln wird das Olein mit Milch bzw. Magermilch vermischt.

Eine alte Auseinandersetzung ist jedoch immer noch im Gange, bei der sich die «verfeindeten» Parteien allerdings nur mit Argumenten bekämpfen. Auch wir müssen die Antwort auf die in regelmässigen Abständen auftauchende Streitfrage: – Butter oder Margarine – welche ist die gesündeste im ganzen Land? – leider schuldig bleiben.

Öl aus dem Meer

Öl wird nicht nur aus Pflanzen, sondern auch aus einigen Seetieren gewonnen.

Das Öl stammt von Walen, Heringen und aus der Leber verschiedener Fische und ist sehr unterschiedlich zusammengesetzt. Aber es ist fast immer reich an ungesättigten Fettsäuren.

Reines Fischöl oder Waltran kommt aber nicht als Speiseöl in den Handel, sondern es wird zur Herstellung von Margarine und auch für Fischkonserven verwendet und nicht zuletzt als Lebertran, dem Alptraum der Kindheit, früher unersetzlich für alle, die zu schwach oder zu klein für ihr zartes Alter geraten waren.

*Eine riesige
alte Ölmühle,
in der gepresst,
gereinigt, wei-
terverarbeitet
und abgefüllt
wird.*

GEPRESST UND GESCHLAGEN, WARM UND KALT, REIN UND RAFFINIERT

Die verschiedenen Methoden der Ölgewinnung

Egal, ob Öl aus Oliven, Sesamsaat, Sojabohnen, Sonnenblumenkernen, Maiskeimen, Kokos-, Erd- oder Haselnüssen hergestellt wird, im Prinzip ist der technische Vorgang immer der gleiche.

Das Grundprodukt wird zu einem unansehnlichen und oft übelriechenden Brei zermahlen. Aus diesem Brei wird anschliessend das Öl herausfiltriert.

So simpel allerdings, wie es sich anhört, war die Ölproduktion nur im Altertum. Der Samen der Sesampflanze zum Beispiel wurde schon vor Jahrtausenden in einfachen Stampfmühlen aus Holz und Stein zerstossen und mit viel Wasser ausgekocht und anschliessend zu Fladen gebakken. Beim Kochvorgang setzte sich das Öl an der Wasseroberfläche ab.

Der Brei aus den gemahlenen Oliven dagegen wurde in siebartige Bastkörbe gefüllt, die ihrerseits zwischen Holzplatten in einer Gewindepresse gestapelt wurden. Diese Schneckenpresse wurde manuell angetrieben und das dabei abtropfende Öl in Behältern gesammelt.

Grundsätzlich sind diese Vorgänge die gleichen geblieben. Sie sind nur, wie alles in der vollautomatisierten, modernen Welt, technisch verbessert und hygienisch raffinierter geworden.

Es gibt heute ausser dem traditionellen «Kaltpressen» noch ein «Warmpressen». Die inzwischen jedoch am weitesten verbreitete Methode ist die «Extraktion» durch Lösungsmittel (PER, siehe Seite 36) mit anschliessender «Raffination». Ölfrüchte und -samen mit hohem Ölgehalt,

Ölgewinnung im 16. Jahrhundert. Oliven werden in eine Steinwanne geschüttet und mit dem Mahlstein zerquetscht. Der gewonnene Brei kommt in siebartige Körbe, wird aufgekocht oder erhitzt und schliesslich ausgepresst. Das gewonnene Öl wird geseiht bzw. gefiltert, abgefüllt und dann in Fässern abtransportiert.

wie zum Beispiel die Kokosnuss, werden sogar zuerst gepresst und danach noch extrahiert. Ölfrüchte mit geringerem Fettgehalt werden gleich extrahiert.

Hauptsächlich beim Olivenöl, besonders beim hochwertigen italienischen und bei einigen exotischen und darum sehr teuren Ölen, wird noch heute nach alter Tradition «kaltgepresst» oder «kaltgeschlagen».

Das Kaltpressverfahren ist das schonendste, denn es geschieht ohne zusätzliche Wärmezufuhr ausschliesslich durch das einfache mechanische Auspressen. Durch den physikalischen Vorgang des Pressens entsteht natürlich auch eine gewisse Temperatur, aber diese übersteigt nie 50 °C und ist somit nicht grösser als die Wärme, die die Pflanze während des Wachstums in den Ursprungsländern durch die Sonnenbestrahlung aushalten muss. Nach dem Pressen wird das

Öl lediglich gewaschen und filtriert, nicht jedoch raffiniert.

Darum sind kaltgepresste Öle immer viel geruchs- und geschmacksintensiver als alle anderen und haben einen höheren Gehalt an ernährungsphysiologisch wertvollen Fettbegleitstoffen (Lecithin, Farbstoff, Vitamine, Schleimstoffe, Linolsäure).

Sie sind aber auch empfindlicher gegen Wärme und Licht, sollten also kühl und dunkel aufbewahrt werden und nur in der kalten Küche Verwendung finden.

Geringfügige Teile eines natürlichen Wachses bleiben manchmal in kaltgepressten Ölen enthalten. Diese sind für die leichte Trübung verant-

wortlich, die in kühleren Jahreszeiten oder bei Aufbewahrung im Kühlschrank (unter 6 °C) entstehen kann. Diese Trübung ist absolut normal und hat keinen Einfluss auf die Qualität.

Das Kaltpressverfahren gliedert sich, heute wie in früheren Zeiten, in drei Phasen:
Zuerst werden die Samen oder Früchte in Brech- oder Mahlwerken zerkleinert, damit die Gewebe und Zellwän-

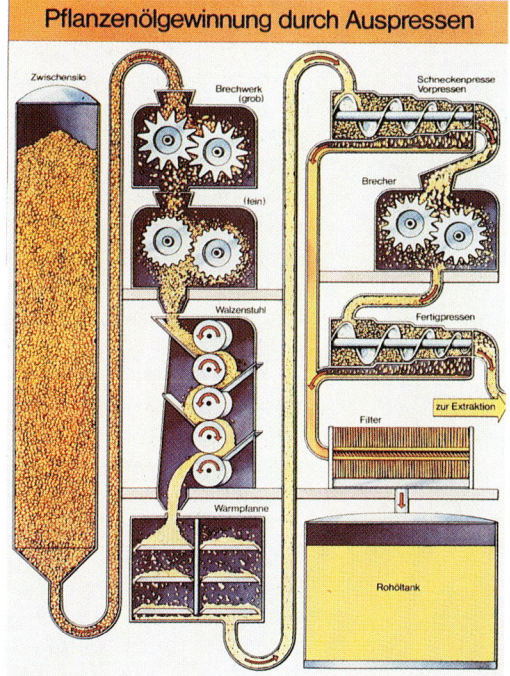

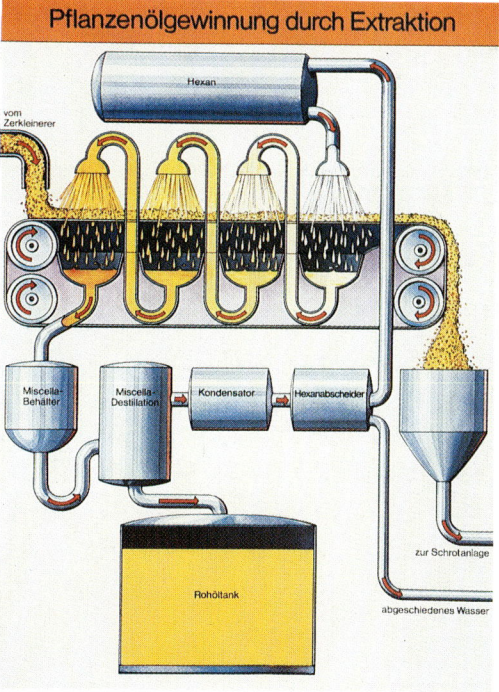

Die beiden Möglichkeiten der Pflanzenölgewinnung.

Öldämpfer, in denen dem Öl unerwünschte Geschmacks- und Geruchs- stoffe entzogen werden.

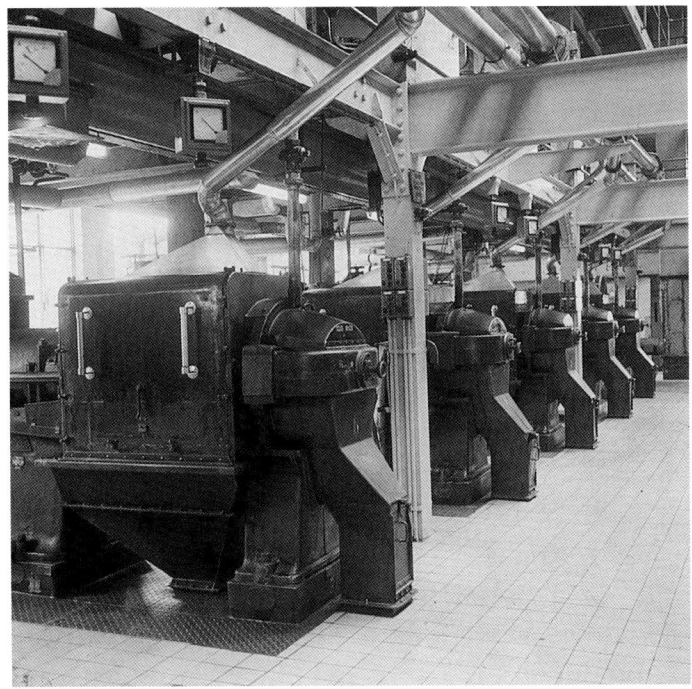

Öl-Extrak- tions- bzw. Raf- finationsma- schinen.

de, die die Öltropfen ein- schliessen, zerrissen werden. Damit vergrössert sich die Öl- austrittfläche.

Bei dieser Prozedur entsteht eine ölige Paste, die teilweise noch in Handarbeit, meist je- doch maschinell verrührt wird. In der Fachsprache wird dieser Vorgang «Kneten» ge- nannt.

Danach wird, wie in der Anti- ke, der Brei auf runde Matten, die heute aus Kokos, Bast und Pferdehaar oder aus Nylon bestehen, in Portionen von 2–5 kg verteilt. Die bis zu 30 Stück übereinandergestapel- ten Matten kommen in eine Presse, die früher von Hand, heute jedoch hydraulisch be- trieben wird. Der für diese «Schneckenpresse» nötige Druck und die dadurch anfal- lende Temperatur werden sorgfältig kontrolliert.

Öl und Fruchtwasser laufen ab, während die Fasern der Matten die festen Bestandteile der Früchte zurückhalten. In einer Zentrifuge werden dann Wasser und die eventuellen Rückstände vom Öl getrennt.

Das kaltgewonnene, naturrei- ne Olivenöl und alle sonstigen Öle der «ersten Pressung» (prima spremuta) sind von al- lerbester Qualität. Diese erste Ausbeute ist gering, darum auch relativ teuer. Diese höch- ste Qualitätsklasse trägt beim Olivenöl den Namen «extra vergine» (auf deutsch: natives Öl oder Jungfernöl).

Das Öl der «zweiten Pres- sung» («vergine») ist eben- falls von hervorragender Qua- lität. Die auf den Matten verbliebene Masse wird dafür noch einmal «geknetet» und kommt ein zweites Mal unter die Presse.

Danach wird der Brei meistens erwärmt (bis über 80 °C), in Zylinder gefüllt und einem fünfmal höheren Druck als bei der ersten Pressung ausgesetzt.

Vor dem Abfüllen in Flaschen oder Blechdosen wird das kaltgepresste Öl gefiltert. Geschieht das mit einem Baumwollfilter, so kann eine leichte Trübung zurückbleiben. Wenn ein Kartoffelfilter verwendet wurde, ist das Endprodukt meist klarer.

Das Öl aus den anschliessenden Warmpressungen wird meist noch «raffiniert». Denn vielen «Feinschmeckern» mundet das Öl am besten, wenn es nach gar nichts schmeckt. Darüber hinaus gibt es in der Küche auch Situationen, die nur mit neutralem Öl zu meistern sind. Raffiniertes Öl ist völlig geschmacks- und geruchsfrei, es wurde mit vielerlei Chemikalien «geschönt» und hat dabei viele seiner guten Inhaltsstoffe eingebüsst.

Die Angabe «naturbelassen», die man oft auf kaltgepressten Ölen findet, bedeutet, dass ausser der selbstverständlich schonenden Erzeugung die Auswahl der Ölsaaten oder -früchte besonders sorgfältig erfolgt ist.

Oliven zum Beispiel dürfen nicht als Schüttgut auf LKWs befördert werden, weil ein Grossteil der Früchte dabei vor ihrer Ankunft in der Öl-

Teil einer alten Ölpresse.

mühle zerquetscht würde. Auch die Lagerung von Oliven erfordert besondere Sorgfalt. Sie dürfen nicht höher als 10–12 cm aufgeschichtet und nicht länger als eine Woche in luftigen Räumen aufbewahrt werden.

Auch für die Ölgewinnungsmethode der *Extraktion* werden die Ölsaaten in ähnlicher Weise wie bei der Pressung vorbereitet. Der Rohstoff, der heute überwiegend aus Übersee kommt, wird an den Kais der Ölmühlen durch Saugheber aus den Schiffen oder Schuten in Silos gelassen. Diese Saaten können noch verschiedene Verunreinigungen enthalten, müssen also gereinigt, enthülst oder geschält werden. Dies geschieht in den

Ölreinigung in herkömmlichen, offenen Filterpressen. Bleicherde und Verunreinigungen verbleiben in den Filtertüchern.

meisten Fällen mechanisch. Maiskorn muss ausserdem zur Keimabtrennung noch 50 Stunden lang in Wasser bei einer Temperatur von 50 °C gequollen werden.

Die zerkleinerten Ölsaaten durchlaufen anschliessend auf einem Förderband die Extraktionsanlage. Zuerst werden sie mit dem chemischen Lösungsmittel «Hexan» übersprüht. Hexan löst das Öl aus der Saat, wie Waschbenzin den Fettfleck aus der Hose. Diese Mischung aus Öl und Hexan wird «Miscella» genannt. Durch Filterpressen und Zentrifugen wird das Öl anschliessend vom Lösungsmittel getrennt. Die entölten Saatrückstände werden als Tierfutter verwendet, das Lösungsmittel verdampft und Öl wird zurückgewonnen.

Aber das so gewonnene Rohöl ist noch lange nicht geniessbar. Bevor es als Lebensmittel in den Handel kommt, muss es weiteren Behandlungen un-

terzogen werden, die es von allen unerwünschten Begleitstoffen wie Wachs, Farb- oder Geschmacksstoffen, Lösungsmittelrückständen usw. befreien. Dies geschieht durch die *Raffination,* einen technologisch sehr aufwendigen Prozess, der viele Stufen umfasst. Durch diesen intensiven Reinigungsprozess werden die möglichen Schadstoffe wie Pestizid-, Schwermetall- und Schimmelpilzrückstände entfernt. Aber es werden leider auch viele der Gesundheit förderliche Begleitstoffe stark reduziert. Der Gehalt an Provitamin A (Carotin) zum Beispiel oder der Vitamin-E-Gehalt wird durch diesen Vorgang um 20% vermindert.

Beim Raffinieren wird das Rohöl *entschleimt,* das heisst, die Trübstoffe werden entfernt, Proteine, Harze, Phosphatide und mineralische Bestandteile werden danach durch die Zugabe von heissem Wasser entfernt. Die dabei

ausflockenden Teilchen werden durch Zentrifugen vom Rohöl getrennt.

Dann folgt die *Entsäuerung* oder *Neutralisation,* das heisst die Entfernung von freien Fettsäuren. Diese freien Fettsäuren beeinflussen den Geschmack des Produkts und werden durch Verseifen mit Laugenlösung oder Abdestillation unter Vakuum und hoher Temperatur entzogen.

Danach kommt die *Bleichung.* Hier werden dem Öl durch Trocknung unter Vakuum alle Wasseranteile entzogen. Ausserdem wird durch Zugabe von Bleicherde (und/oder Bleichkohle) der Farbton aufgehellt. Die Bleicherde wird in das Öl eingerührt und anschliessend mit allen Farbstoffen und Verunreinigungen, eventuell noch vorhandenen Seife- und Schleimstoffresten abgefiltert.

Jetzt erfolgt die *Desodorierung* zur Entfernung von unerwünschten Geruchs- und Geschmacksstoffen. Alle diese flüchtigen Stoffe werden unter Vakuum durch Wasserdampfdestillation entfernt. Bei den angewendeten Temperaturen (bis ca. 240 °C) verliert das Öl wieder viele wertvolle Begleitstoffe.

Jetzt ist das raffinierte Öl klar, hell und geschmackslos und wird möglichst unter Ausschluss von Sauerstoff in Flaschen oder Dosen abgefüllt.

Frisch in Flaschen abgefülltes Öl.

Speiseöle sind empfindlich gegen Licht, Sauerstoff, Wärme und Fremdgeruch.

Die Energie der UV-Strahlung zum Beispiel ist ausreichend, um photochemische Reaktionen in Fetten und Ölen auszulösen. Sie beschleunigen die sogenannte Autooxidation, dadurch wird das Fett schneller ranzig. Sie beeinträchtigen ausserdem den Vitamin-E-Gehalt sowie die wertvollen, mehrfach ungesättigten Verbindungen (Linolsäure).

Früher wurden Öle traditionell in gebrannten Tonkrügen aufbewahrt. Rund ums Mittelmeer verwenden viele kleinere Landwirte noch heute diese Krüge für ihr Öl. In den grösseren Ölmühlen jedoch sind sie gemauerten Tanks gewichen, die zum Schutz des Öls mit Glas- oder Keramikfliesen ausgekleidet sind.

Grundsätzlich gilt für die Lagerung von Öl: Behälter müssen lichtundurchlässig und gegen extreme Temperaturen und Sauerstoff isoliert sein.

Handelsüblich ist die Verpackung in Flaschen oder Weissblechdosen. Bei Flaschen gilt der Grundsatz: Je dunkler das Glas, desto besser für das Öl. In verschlossenen Gefässen, die kühl und dunkel gelagert werden, bleibt das Öl mindestens 1 Jahr lang haltbar. Beim Öffnen der Flaschen oder Dosen treten jedoch schon nach kurzer Zeit Vitaminverluste auf. Das Öl sollte deshalb innerhalb von vier bis acht Wochen verbraucht werden.

KÜHL UND DUNKEL – LAGERUNG UND VERPACKUNG VON ÖL

Ganz besonders empfindliche Öle, wie zum Beispiel Walnuss-, Haselnuss-, Mandel-, Lein- oder Weizenkeimöl, können schon innerhalb von zwei Wochen ranzig werden. Es empfiehlt sich also, diese nur in kleinen Mengen zu kaufen und im Kühlschrank aufzubewahren.

Öl, das zu kalt gelagert wird, flockt aus. Durch Schütteln normalisiert sich die Konsistenz wieder, ohne Einfluss auf Geschmack oder Qualität der Ware zu nehmen.

Das traditionelle Aufbewahrungsgefäss für Öl: der Tonkrug.

VOM UMGANG MIT SPEISEÖL

Der Umgang mit Speiseöl will gelernt sein. Damit ist aber nicht nur das Wissen um die Geschmacksvielfalt gemeint, sondern vor allem die Verwendungsmöglichkeiten des einzelnen Öls.

Manche Öle eignen sich ausgezeichnet für Salate, andere mehr zum Ausbacken von Fleisch und Fisch.

Eine Sonderstellung nimmt das Olivenöl ein, ist es doch praktisch das einzige noch naturbelassene Öl. Alle andern Sorten werden durch den Herstellungsprozess durch die Industrie mehr oder weniger verändert. Allein um die klare, einwandfreie Farbe zu erhalten, ist so mancher Kunstgriff, sprich: chemischer Prozess notwendig. Seine Vorzugsstellung dokumentiert das Olivenöl auch durch den stolzen Preis. Wer Wert auf ein erstklassiges Öl erster Pressung legt, muss schon tief in den Geldbeutel greifen. Verständlich, dass ein so edles Produkt auch nach sachkundiger Hand ruft. Zum Braten eignet sich Olivenöl der Spitzenklasse nicht. Seine mineralischen Bestandteile und die Fruchtfäden verbrennen sehr schnell. Wir verwenden also zum Braten Öl der zweiten oder dritten Pressung.

Für Salate soll grundsätzlich, unabhängig von der Ölsorte, nur zimmerwarmes Öl verwendet werden. Das Olivenöl lagert man am besten liegend in einem abgedunkelten, nicht zu kühlen Raum. Man kann es natürlich auch im Kühlschrank lagern. Die dabei entstehende Eintrübung bringt keine Nachteile mit sich. Sobald das Öl wieder Zimmertemperatur hat, erstrahlt es im alten Glanz.

Viele Missgeschicke passieren beim Anbraten von Fleisch und Fisch. Heiss anbraten zum Beispiel heisst nicht im rauchenden Fett... Geduld ist auch hier, wie so oft im Leben, der sicherste Weg zum Erfolg. Lieber bei mittlerer Stufe länger auf die Erwärmung des Öls warten als nach wenigen Sekunden in einer qualmenden Küche stehen. Ist das Öl heiss, aber noch nicht an die Grenze seiner Erwärmungsfähigkeit gelangt, so beruhigt es sich nach dem Anbraten schnell wieder. Es spritzt den Wasseranteil des Bratgutes nicht durch die Gegend, und wir bekommen eine gleichmässige, braune Kruste, die nicht verbrannt schmeckt.

SUPPEN

Hummersuppe

800 g Hummerschalen

5 EL Olivenöl

40 g Stangensellerie

40 g Karotten

1 mittelgrosse Zwiebel

1 Knoblauchzehe

1 Lorbeerblatt

5 Pfefferkörner

5–6 EL Tomatenkonzentrat

1/10 dl Cognac

1/10 dl weisser Portwein

1 Spritzer trockener Wermut (Noilly Prat)

1/2 l Hühnerbouillon

1/2 l Sahne (Rahm)

40 g kalte Butter

Salz

Pfeffer aus der Mühle

Cayennepfeffer

wenig frisches Basilikum, in feine Streifen geschnitten

wenig frischer Estragon, Blättchen abgestreift

Karotten und Sellerie rüsten und grob würfeln. Zwiebel und Knoblauchzehe fein hacken. Hummerschalen waschen, trocknen und im Mörser auf Walnussgrösse zerkleinern. Im heissen Olivenöl anbraten. Sämtliches Gemüse beigeben und dünsten. Gut rühren, damit es auf dem Pfannenboden nicht anklebt. Lorbeerblatt, zerdrückte Pfefferkörner und Tomatenkonzentrat beigeben. Vorsicht: Tomatenkonzentrat brennt leicht an. Mit dem Cognac, Portwein und Wermut ablöschen. Hühnerbouillon dazugiessen. Suppe 10 Minuten auf kleinem Feuer kochen. Grobe Teile mit der Schaumkelle herausfischen. Suppe durch ein Passiertuch giessen und in die Pfanne zurückgeben. Unter Zugabe der Sahne abermals aufkochen. Würzen. Kalte Butter einrühren. Nach Belieben mit einem Spritzer Cognac abschmecken. Kräuter beigeben.

Mandelsuppe

150 g geschälte Mandeln

1 EL Olivenöl

5 Knoblauchzehen

2 Sträusschen glatte Petersilie

1 l Hühnerbouillon

1/2 TL Kümmel

2 Päckchen Safranpulver

Salz

Pfeffer aus der Mühle

4 EL Mandelöl

Knoblauchzehen schälen und klein hacken. Petersilie waschen und zupfen (die Stiele werden nicht verwendet). Mandeln im heissen Olivenöl goldbraun rösten. Knoblauch und Petersilie beigeben und mitdünsten. Mit der Hühnerbouillon ablöschen. Kümmel und Safran beigeben. Suppe auf kleinem Feuer 10 bis 15 Minuten kochen lassen. Suppe pürieren und durch ein Sieb streichen. Abermals aufkochen. Würzen. Das Mandelöl darunterrühren und sofort servieren.

Minestrone

80 g Spaghetti

40 g Reis

4 Fleischtomaten

150 g Karotten

150 g Lauch

120 g Knollensellerie

80 g Speck

2 Zwiebeln, fein gehackt

4 El Olivenöl

3–4 grosse Kartoffeln

2 EL Tomatenkonzentrat

2 1/2 l Rindsbouillon

Salz

Pfeffer aus der Mühle

Pesto

50 g fetter Speck

2 grosse Knoblauchzehen

1 Zweig Basilikum

1 Zweig Majoran

Spaghetti und Reis getrennt in Salzwasser bissfest kochen. Teigwaren mit kaltem Wasser abschrecken.

Tomaten in kochendes Wasser tauchen. Haut abziehen. Früchte halbieren. Stielansatz herausschneiden und kleinwürfeln. Karotten, Lauch, Kartoffeln und Sellerie rüsten. In 1 cm grosse Würfel schneiden. Speck würfeln und zusammen mit den Zwiebeln im heissen Olivenöl dünsten. Karotten, Lauch und Sellerie beigeben und mitdünsten. Kartoffeln, Tomaten und Tomatenkonzentrat beigeben. Mit der Rindsbouillon ablöschen und rund 30 Minuten auf kleinem Feuer kochen. Mit Salz und Pfeffer würzen. Spaghetti und Reis beigeben. Noch einmal aufkochen.

Für die Pestosauce den Speck fein würfeln. Knoblauchzehen schälen und durch die Knoblauchpresse drücken.

Basilikum in feine Streifen schneiden. Majoranblättchen zupfen. Sämtliche Zutaten mischen. Pestosauce separat servieren.

Gazpacho
Kalte andalusische Gemüsesuppe

2 grosse Salatgurken
1 grosse Zwiebel
2–3 rote Gemüsepaprika (Peperoni)
4–5 Fleischtomaten
1 Knoblauchzehe
¼ l Rindsbouillon, kalt
1 Spritzer Rotweinessig
50 g geriebenes Weissbrot
Salz
Pfeffer aus der Mühle
Cayennepfeffer
2–3 EL Olivenöl

Gurken, Zwiebeln und Knoblauch schälen und kleinschneiden. Paprika mit dem Sparschäler schälen, vierteln, Stielansatz herausschneiden, Scheidewände und Kerne entfernen, kleinschneiden. Tomaten in heisses Wasser tauchen. Haut abziehen. Stielansatz kreisförmig herausschneiden und Früchte würfeln. Sämtliches Gemüse portionenweise im Mixerglas pürieren. Durch ein Sieb streichen. Rindsbouillon und Essig unter das Gemüsepüree rühren. Geriebenes Weissbrot beigeben (die Suppe darf nur leicht gebunden sein). Suppe würzen. Im Kühlschrank erkalten lassen. Kurz vor dem Servieren das Olivenöl darunterrühren.

KALTE UND WARME VORSPEISEN

Fritierte Eier auf Tomatensauce

1½ l Sojaöl zum Ausbacken

8 Eier

8 Fleischtomaten

1 Zwiebel, fein gehackt

1 EL Olivenöl

1 Knoblauchzehe, fein gehackt

wenig frisches Basilikum

Salz

Pfeffer aus der Mühle

30 g weiche Butter

grobes Meersalz zum Bestreuen

Für die Tomatensauce die Früchte waschen, vierteln und Stielansatz herausschneiden. Zwiebeln und Knoblauch im heissen Olivenöl dünsten. Tomaten beigeben und mitdünsten. 20 Minuten auf kleinem Feuer köcheln. Sauce pürieren und durch ein Sieb streichen. Kurz vor dem Servieren erneut aufkochen, würzen und die Butter darunterrühren. Feingeschnittenes Basilikum beigeben.
Fritieröl auf 180 Grad erhitzen. Die Eier, eines nach dem andern, in eine Suppentasse aufschlagen und sorgfältig ins Öl gleiten lassen. Pro Arbeitsgang sollten maximal 3 Eier fritiert werden. Kurz ausbakken.
Warme Tomatensauce auf Teller verteilen. Eier daraufsetzen. Mit Meersalz bestreuen und sofort servieren.

Rote Bete und Jakobsmuscheln mit Distelöl und Kerbel

4 rohe, kleine rote Beten (Randen)

200 g Jakobsmuscheln, ausgelöst (es können auch tiefgefrorene sein)

einige Spritzer Zitronensaft

Salz

Pfeffer aus der Mühle

1 Schalotte, fein gehackt

2 EL Distelöl

2 EL Traubenkernöl

1 TL Rotweinessig

1 Handvoll frischer Kerbel

Rote Bete im Salzwasser zirka 40 Minuten weichkochen. Mit kaltem Wasser abschrecken. Schälen.
Muschelfleisch dünn aufschneiden. Mit wenig Zitronensaft beträufeln und mit Salz und Pfeffer würzen.
Rotweinessig und die beiden Öle zu einer Sauce rühren, würzen und die Schalotten beigeben.
Die noch lauwarme rote Bete möglichst dünn aufschneiden. Abwechslungsweise mit den Muscheltranchen auf Teller anrichten. Mit der Sauce beträufeln. Gezupfte Kerbelblättchen als Garnitur darüberstreuen.

Carpaccio aus Lachs
(roher Lachs mit Limetten)

200 g norwegischer Lachs

5 EL Olivenöl

1 TL Balsamessig

1 Spritzer Zitronensaft

1 Schalotte, fein gehackt

Pfeffer aus der Mühle

Salz

1 Limette

1 Bund Schnittlauch, fein geschnitten

Lachs trockentupfen und im Gefrierfach leicht anfrieren lassen. Mit einem Messer hauchdünne Tranchen schneiden. Auf Teller anrichten.
Aus Olivenöl, Essig und Zitronensaft eine Sauce rühren. Schalotten beigeben. Lachs mit Pfeffer und Salz würzen und die Sauce darüberträufeln.
Die Limette grosszügig schälen, filetieren. Filets in kleine Würfel schneiden. Lachs-Carpaccio mit Limettenwürfelchen und Schnittlauch garnieren.

Tomaten mit Mozarellakäse und Olivenöl

8 reife Fleischtomaten

250 g Mozarella

1–2 Zwiebeln, fein gehackt

6 EL Olivenöl

wenig Balsamessig

Pfeffer aus der Mühle

Salz

Tomaten waschen. Stielansatz kreisförmig herausschneiden. Tomaten in dünne Scheiben schneiden. Mozarella gleich dick aufschneiden. Abwechslungsweise auf Teller anrichten. Mit den Zwiebeln bestreuen. Öl und Essig darüberträufeln. Mit Salz und Pfeffer würzen.

Carpaccio

(rohes mariniertes Rindsfilet an Olivenölsauce)

250 g Rindsfilet

6 El Olivenöl

2 TL Rotweinessig

1–2 Schalotten, fein gehackt

wenig Zitronensaft

Salz, Pfeffer aus der Mühle

einige Salatblätter zum Garnieren (Lollo rosso, Frisée- oder Feldsalat)

4 EL Crème fraîche (Doppelrahm)

50 g Kaviar

Das Rindsfilet trockentupfen und im Gefrierfach leicht anfrieren lassen. Mit einem scharfen Messer oder der Aufschnittmaschine hauchdünne Tranchen schneiden und auf Teller anrichten.
Essig, Olivenöl, Zitronensaft zu einer Sauce rühren. Würzen. Schalotten beigeben. Das Fleisch mit der Sauce beträufeln. Salatblätter in der Tellermitte anrichten und ebenfalls mit wenig Sauce beträufeln. Mit Crème fraîche und Kaviar garnieren.

Tip: Crème fraîche und Kaviar können nach Belieben durch in kleine Würfel geschnittene, geschälte Tomaten ausgetauscht werden.

Weisser und grüner Spargel mit Kerbel und geräuchertem Lachs

500 g weisser Spargel

500 g grüner Spargel

3 EL Sonnenblumenöl

3 EL Traubenkernöl

2 EL Himbeeressig

etwas Zitronensaft

Salz

Pfeffer aus der Mühle

1 Handvoll frischer Kerbel

8 Tranchen geräucherter Lachs

Weissen Spargel grosszügig schälen. Man beginnt unter dem Kopfansatz und schneidet das holzige Ende ab. Grünen Spargel etwa von der Mitte nach unten schälen und das holzige Ende ebenfalls abschneiden. Spargel nach Sorte getrennt im Salzwasser bissfest kochen.
Essig, Zitronensaft, Sonnenblumen- und Traubenkernöl zu einer Sauce rühren. Sauce würzen. Gekochten Spargel in zirka 7 cm lange Stücke schneiden und auf Teller anrichten. Sauce darüberträufeln. Lachstranchen rollen und zusammen mit den gezupften Kerbelblättchen als Garnitur dazulegen.

Weisser Spargel mit Vinaigrette-Sauce

1½ kg weisser Spargel

100 g Schalotten, sehr fein gehackt

4 EL gehackte Kräuter (Kerbel, Petersilie, Estragon)

¼ l Olivenöl

2–3 EL Balsamessig

Salz

Pfeffer aus der Mühle

Spargeln grosszügig schälen. Man beginnt unterhalb dem Kopf und schneidet am Schluss das holzige Ende ab. In Salzwasser bissfest kochen. Öl und Essig mit dem Schwingbesen kräftig schlagen. Es soll eine sämige Sauce entstehen. Mit Salz und Pfeffer würzen. Gehackte Kräuter und Schalotten beigeben.
Die warmen Spargeln auf Teller anrichten. Mit der Vinaigrette-Sauce überziehen.

SALATE

Steinpilzsalat mit Geflügelleber

300 g frische Steinpilze

1 kleiner Friséesalat

1 kleiner Lollo rosso

2 EL Walnussöl (Baumnussöl)

1–2 EL Traubenkernöl

1 EL Balsamessig

wenig Zitronensaft

1 Schalotte, fein gehackt

Salz

Pfeffer aus der Mühle

Paprika

1 EL Walnussöl (Baumnussöl)

200 g Geflügelleber

1 Bund Schnittlauch, fein geschnitten

Steinpilze putzen und mit einem Tuch trocken abreiben. Nicht waschen. In dünne Scheiben schneiden. Salate rüsten, waschen und gut abtropfen lassen.
Walnussöl, Traubenkernöl, Balsamessig und Zitronensaft zu einer Sauce verrühren. Schalotte beigeben. Mit Salz, Pfeffer und Paprika würzen.
1 EL Walnussöl erhitzen und die Pilze portionenweise anbraten. Sparsam mit Salz und Pfeffer würzen. Auf die Seite stellen.

Geflügelleber von Fett und Sehnen befreien und trockentupfen. In der Pilzpfanne rosa braten. Leicht mit Salz und Pfeffer würzen.
Salate und Pilze mit der Sauce mischen. Auf Teller anrichten. Geflügelleber dünn aufschneiden und auf den Salat legen. Schnittlauch darüberstreuen.

Zuckerschotensalat mit Champignons und Cherry-Tomaten

300 g frische Zuckerschoten (Kefen)

120 g Champignons

wenig Zitronensaft

16 Cherry-Tomaten

5 EL Distel- oder Safloröl

2 EL Weisswein- oder Balsamessig

1 Schalotte, fein gehackt

Salz

Pfeffer aus der Mühle

Zuckerschoten rüsten und in wenig Salzwasser oder über Dampf knackig kochen. Mit kaltem Wasser abschrecken. Die Champignons waschen, rüsten und in feine Scheibchen schneiden. Sofort mit wenig Zitronensaft beträufeln, damit sie nicht braun werden.

Aus dem Öl und Essig eine Sauce anrühren. Würzen. Schalotte beigeben. Zuckerschoten, Champignons und Cherry-Tomaten auf Teller anrichten. Mit der Sauce beträufeln.

Sommersalat mit Geflügelleber

1 kleiner Friséesalat

½ Kopfsalat

1 kleine Salatgurke

1 Bund Radieschen

4 EL Olivenöl

2–3 EL Sherryessig

1 Spritzer Zitronensaft

1 Schalotte, fein gehackt

1 TL Schnittlauch, fein geschnitten

200 g Geflügelleber

30 g Butter

Frisée- und Kopfsalat rüsten, gut waschen und abtropfen lassen. Gurke schälen und in feine Scheiben schneiden. Radieschen ebenfalls in Scheibchen schneiden.
Für die Sauce den Essig, das Öl und den Zitronensaft verrühren. Würzen. Schalotten und Schnittlauch beigeben.
Geflügelleber von Fett und Sehnen befreien und trockentupfen. Leber in der heissen Butter rosa braten. Mit Salz und Pfeffer würzen.
Salate mischen und auf Teller anrichten. Die Sauce darüberträufeln. Geflügelleber dünn aufschneiden und auf den Salat legen.

Lauwarmer Kartoffelsalat

1 kg festkochende Kartoffeln

3 kleine Schalotten, fein gehackt

6 EL Sonnenblumenöl

5 EL milder Weissweinessig

1 dl Hühnerbouillon

Salz

Pfeffer aus der Mühle

Kartoffeln in der Schale kochen. Noch warm schälen und in feine Scheiben schneiden. Feingehackte Schalotten darüberstreuen.
Aus dem Öl, dem Essig, der warmen Geflügelbouillon, Salz und Pfeffer unter kräftigem Rühren eine Sauce bereiten. Sauce zu den Kartoffeln geben und sorgfältig mischen. Kartoffelsalat eine halbe Stunde ziehen lassen.

Feldsalat mit Speck und Haselnusskernen

300 g Feldsalat (Nüsslisalat)

3 EL Haselnussöl

1 EL Traubenkernöl

1 EL milder Essig

1 Spritzer Zitronensaft

Salz

Pfeffer aus der Mühle

60 g Haselnusskerne, grob gehackt

60 g durchwachsener Speck

Feldsalat rüsten, waschen und gut abtropfen lassen.

Haselnüsse in einer Pfanne ohne Fett rösten und auskühlen lassen. Speck in feine Streifen schneiden und ohne Fettzugabe knusprig braten. Ebenfalls auskühlen lassen.
Aus dem Haselnussöl, dem Traubenkernöl, dem Essig und einem Spritzer Zitronensaft die Sauce anrühren. Mit Salz und Pfeffer abschmecken. Nüsse und Speck beigeben und etwas ziehen lassen. Feldsalat sorgfältig mit der Sauce mischen und sofort servieren.

Löwenzahnsalat mit Speck an lauwarmer Vinaigrette-Sauce

100 g junge Löwenzahnblätter (oder Friséesalat)

50 g durchwachsener Speck

5 EL Saflor- oder Distelöl

4 EL Rotweinessig

wenig frischer Thymian

Salz

1 Prise Zucker

4 Eier

Eier hart kochen, kalt abschrecken und schälen. Löwenzahnblätter waschen. Speck klein würfeln in einer erhitzten Pfanne ohne Fett knusprig braten. Zum Abtropfen auf ein Küchenpapier legen. Speckfett abgiessen. Essig, gezupfte Thymianblättchen, Salz und Zucker in die Pfanne geben. Das Öl unter kräftigem Schwingen dazugeben.

Löwenzahnblätter kreisförmig auf grosse Teller anrichten. Speckwürfelchen und geviertelte Eier darauf anrichten. Mit der lauwarmen Vinaigrette-Sauce beträufeln.
Servieren Sie zu diesem Salat getoastetes Brot.

Linsensalat mit Geflügelleber

250 g grüne Linsen

1 Bouquet garni, bestehend aus wenig Lauch, 1 Karotte, 1 Lorbeerblatt, 1 Thymianzweig und einigen Petersilienstengeln

3 EL Sherryessig

5 EL Haselnussöl

Salz

Pfeffer aus der Mühle

200 g Geflügelleber

wenig Butter

Die Linsen, gut mit kaltem Wasser bedeckt, über Nacht einweichen. Linsen im Salzwasser mit dem Bouquet garni 20 bis 25 Minuten garen. Bouquet garni entfernen. Linsen abgiessen.
Aus dem Essig und Öl eine Sauce rühren. Mit Salz und Pfeffer würzen. Linsen dazugeben.
Geflügelleber von Sehnen und Fett befreien und trockentupfen. In der heissen Butter rosa braten. Noch warm in dünne Tranchen schneiden.
Linsen und Geflügelleber auf Teller anrichten. Nach Wunsch mit grünem Salat garnieren.

Rohkostsalate
an Haselnusssauce

250 g junge Karotten

3 Gemüsepaprika (Peperoni), verschiedene Farben

1 Stangensellerie

200 g Wiesenchampignons

1 Bund Radieschen

150 g Feldsalat (Nüsslisalat)

1 mittelgrosse Zwiebel, fein gehackt

50 g gehackte Haselnusskerne

6 EL Haselnussöl

1 EL Traubenkernöl

1–2 EL Balsamessig

1 Zitrone, Saft davon

Salz

Pfeffer aus der Mühle

Karotten rüsten (junge Karotten nicht schälen) und grob raspeln. Gemüsepaprika vierteln, Stielansatz, Kerne und Scheidewände entfernen. In feinste Streifen schneiden. Stangensellerie und Radieschen in feine Scheibchen schneiden. Champignons waschen, rüsten und in Scheibchen schneiden. Sofort mit Zitronensaft beträufeln, damit sie nicht braun werden. Feldsalat rüsten, waschen und gut abtropfen lassen.
Für die Sauce die beiden Öle, den Essig und den Zitronensaft gut verrühren. Mit Salz und Pfeffer würzen. Zwiebeln und Haselnüsse beigeben. Die vorbereiteten Gemüse gefällig auf Teller anrichten. Mit der Sauce beträufeln.

Weisskohlsalat mit
Speck und Zwiebeln

1 kleiner Weisskohl

180 g durchwachsener Speck

2 mittelgrosse Zwiebeln, fein gehackt

1 dl Kürbiskernöl

4 EL Rotweinessig

1 EL Dijonsenf

Salz

weisser Pfeffer

1 Sträusschen Petersilie

Weisskohl vierteln, Strunk herausschneiden. Blätter waschen und in sehr feine Streifen schneiden. Speck ebenfalls in feine Streifen schneiden, in einer heissen Pfanne knusprig braten. Die feingehackten Zwiebeln beigeben und gut dünsten. Noch warm mit dem Kohl mischen.
Aus Kürbiskernöl, Essig, Senf, Salz und Pfeffer eine Sauce anrühren. Mit dem Salat mischen und eine Stunde ziehen lassen. Petersilie ohne Stengel fein hacken und über den angerichteten Salat streuen.

Bohnensalat mit Tofu,
frischen Crevetten
und Champignons

400 g feine grüne Bohnen

300 g Tofu

250 g frische Crevetten

150 g Champignons

wenig Zitronensaft

4 EL Rotweinessig

1 dl Sojaöl

1 Zwiebel, fein gehackt

Salz

Pfeffer aus der Mühle

nach Belieben einige Salatblätter zum Garnieren

Bohnen rüsten und in wenig Salzwasser knackig kochen. Kalt abschrecken. Tofu in mundgerechte Würfel schneiden. Crevetten leicht salzen und mit wenig Zitronensaft beträufeln. Die Champignons waschen, rüsten und in feine Scheibchen schneiden. Mit wenig Zitronensaft beträufeln, damit sie nicht braun werden. Sojaöl und Rotweinessig zu einer Sauce rühren. Würzen. Zwiebeln beigeben. Bohnen, Champignons und Crevetten dazugeben. Sorgfältig mischen.
Teller mit Salatblättern auslegen und den Salat darauf verteilen. Mit den Tofuwürfeln garnieren.

BEILAGEN

Ratatouille

3 mittelgrosse Zwiebeln

10 schwarze Oliven, entsteint

3 grosse Fleischtomaten

3 Zucchini

3 Gemüsepaprika (Peperoni), verschiedenfarbig

1 Aubergine

4 EL Olivenöl

2 Knoblauchzehen, fein gehackt

Salz

Pfeffer aus der Mühle

1 Zweig frischer Thymian, Blättchen abgestreift

1 Zweig frischer Rosmarin, Nadeln abgestreift

Zwiebeln schälen und in dünne Ringe schneiden. Oliven halbieren. Tomaten in heisses Wasser tauchen und Haut abziehen. Stielansatz kreisförmig herausschneiden. Tomatenfleisch würfeln. Zucchini in kleine Würfel schneiden. Paprika vierteln, Stielansatz und weisse Scheidewände sowie Kerne entfernen. Paprikafleisch in kleine Würfel schneiden. Aubergine ebenfalls würfeln.
Das Öl erhitzen und die Paprika darin anbraten. Bei kleiner Hitze im eigenen Saft schmoren lassen. Zwiebelringe beigeben und mitdünsten. Tomaten, Zucchini, Oliven, Auberginen und Knoblauch ebenfalls in den Kochtopf geben. Leicht würzen mit Salz und Pfeffer. Ratatouille weichkochen. Kräuter vor dem Servieren über das Gemüse streuen.

Süsser Kartoffelauflauf

750 g Süsskartoffeln (Batate)

1 TL Rohrohrzucker

½ TL gemahlener Zimt

wenig Muskatpulver

½ TL geriebener Ingwer

Salz

6 EL Erdnussöl

etwas Butter

⅛ l süsse Sahne

Kartoffeln in der Schale über Dampf oder im Salzwasser weichkochen. Schälen und in dünne Scheiben schneiden. Eine feuerfeste Form mit Butter ausstreichen und die Hälfte der Kartoffelscheiben einschichten. Zucker, Zimt, Muskat, Ingwer, Salz und Öl mischen und die Hälfte der Sauce über die Kartoffeln träufeln. Einige Butterflöckchen daraufgeben. Zweite Hälfte Kartoffeln einfüllen und mit der restlichen Sauce beträufeln. Einige Butterflöckchen daraufgeben. Die Sahne leicht schlagen und über die Kartoffeln giessen. Kartoffeln mit der Gabel einige Male einstechen. Gratin bei 180 Grad im vorgeheizten Ofen etwa 30 Minuten goldbraun backen.

Weisse Bohnen mit Knoblauch und Olivenöl

400 g ausgekernte, frische weisse Bohnen (Pahlbohnen)

Salz

5 EL Olivenöl

2 Knoblauchzehen, geschält, fein gehackt

Pfeffer aus der Mühle

Bohnen in nur leicht gesalzenem Wasser 40 Minuten vorgaren. Abgiessen. Olivenöl erhitzen und den Knoblauch glasig dünsten. Bohnen und wenig Wasser zugeben und auf kleinem Feuer 15 bis 20 Minuten garen. Flüssigkeit kontrollieren, allenfalls wenig Wasser beigeben. Mit Salz und Pfeffer abschmecken.
Dieses abgeänderte Bohnengericht kommt aus der Toskana. Es wird dort noch einfacher zubereitet: Bohnen zusammen mit einem Lorbeerblatt und einem Zweig Thymian weichkochen. Abgiessen. Mit Pfeffer und Salz abschmecken und einem grossen Schuss Olivenöl übergiessen.

Bruscetta

*1 Brot nach Belieben
(Bauernweizenbrot,
Pariserbrot, Schwarzbrot usw.)*

2–3 Knoblauchzehen, geschält

Salz

*Olivenöl bester Qualität zum
Beträufeln*

Das Brot in 2 bis 3 cm dicke
Scheiben schneiden und auf
beiden Seiten goldgelb rösten.
Knoblauchzehen pressen und
auf das geröstete Brot streichen. Leicht salzen und mit
Olivenöl beträufeln. Sofort
servieren.

In Italien wird für die Herstellung der Knoblauch-Öl-Croû-
tons eine spezielle Pfanne verwendet, mit der sich das Röst-
brot auch auf dem Gasherd
zubereiten lässt. Es kann im
Sommer auch über dem offenen Feuer gegrillt werden, was
etwas Geschicklichkeit ver-
langt: das Brot soll goldgelb
geröstet sein und darf nicht
verbrennen. Bruscetta kann
selbstverständlich auch im
Backofen gemacht werden.

Pommes frites

1 kg grosse Kartoffeln

1 l Erdnuss- oder Palmöl

Salz, Pfeffer

Kartoffeln schälen und in
längliche, dünne Stäbchen
schneiden. Öl zum Blanchie-
ren auf 130 Grad erhitzen.
Kartoffelstäbchen gut trok-
kentupfen und im heissen Öl
kurz vorbacken. Unmittelbar
vor dem Servieren das Öl auf
180 Grad erhitzen und die
Pommes frites knusprig bak-
ken. Mit wenig Salz bestreu-
en.

Da Wasser und hoch erhitzte
Öle keine Verbindung einge-
hen, sollten die auszubacken-
den Kartoffelstäbchen so trok-
ken wie nur möglich sein. Zu
beachten ist ferner, dass das
Pflanzenöl nicht über seinen
Rauchpunkt (zirka 235 Grad)
erhitzt wird.

FISCH UND FLEISCH

Gefüllte Forelle in Folie gegart

8 EL Olivenöl

6 Wacholderbeeren

1 Lorbeerblatt

1 Zitrone, Saft davon

4 Forellen zu zirka 250 g (Gräten vom Fischhändler entfernen lassen)

4 Stück Alufolie zum Einpacken der Fische

Füllung:

60 g Butter

0,2 dl Weisswein

100 g Stangensellerie (Bleichsellerie)

100 g Karotten

2 Champignons

1 EL Balsamessig

1 EL Kerbelblättchen

Für die Marinade die Wacholderbeeren zerdrücken und Lorbeerblatt kleinhacken. Mit dem Zitronensaft mischen. Forellen mit der Marinade einpinseln. Im Kühlschrank gut 1 Stunde ruhen lassen. Gemüse rüsten und in kleinste Würfelchen (Brunoise) schneiden. Mit dem Essig und den Kerbelblättchen mischen. Butter schmelzen und mit dem Weisswein verrühren. Innenseite der Fische mit Salz und Pfeffer würzen. Mit der Butter-Weisswein-Mischung einpinseln. Gemüsefüllung auf die vier Fische verteilen. Fische zuklappen und in Alufolie wickeln. Im vorgeheizten Ofen bei 220 Grad 10 Minuten garen. Für die Garprobe eine Folie öffnen.
Forellen in der Folie servieren. Als Beilage Salzkartoffeln servieren.

Zanderfilets mit weissen Trüffeln

4 Zanderfilets zu 160 g, ohne Haut

Salz

Zitronensaft

½ dl Weisswein

6 EL Olivenöl

2 EL Steinpilzöl

3 EL milder Essig

1 Schalotte, fein gehackt

Pfeffer aus der Mühle

2 Tomaten

40 g weisse Trüffel

Aus den beiden Ölen, dem Essig und dem Zitronensaft eine Sauce zubereiten. Mit Salz und Pfeffer würzen. Schalotten beigeben. Tomaten in heisses Wasser tauchen, Haut abziehen, Stielansatz kreisförmig herausschneiden, Kerne entfernen. Tomatenfleisch kleinwürfeln und zur Sauce geben.
Fische trockentupfen, leicht salzen und mit Zitronensaft beträufeln. Filets in eine Gratinform legen. Weisswein darübergiessen. Im vorgeheizten Ofen bei 200 Grad 7 bis 10 Minuten garen. Sauce und geriebene Trüffel über die Fische verteilen.

Rotbarben in Olivenöl

8 Rotbarben zu zirka 180 g (pfannenfertig zubereiten lassen)

⅛ l Olivenöl

2 Thymianzweige, Blättchen abgestreift

einige Petersilienstengel, fein geschnitten

Salz

Zitronensaft

1 mittelgrosse Zwiebel, fein gehackt

10 schwarze Oliven, entsteint und kleingehackt

Aus der Hälfte des Öls, dem Thymian und der Petersilie eine Marinade rühren. Rotbarben trockentupfen, leicht salzen und mit Zitronensaft beträufeln. Für eine Stunde in die Marinade legen.
Zwiebeln und Oliven mit dem restlichen Olivenöl mischen. Rotbarben aus der Marinade nehmen, abtropfen lassen und auf Teller anrichten. Mit der Sauce beträufeln.

Matjesfilets
mit Gemüsesauce

8 frische Matjesfilets

100 g feine grüne Bohnen

100 g Karotten

*100 g Stangensellerie
(Bleichsellerie)*

8–9 EL Traubenkernöl

4–5 EL Rotweinessig

wenig Zitronensaft

*1 mittelgrosse Zwiebel,
fein gehackt*

1 EL gehackte Petersilie

Bohnen rüsten und in leicht gesalzenem Wasser oder über Dampf knackig kochen. Karotten schälen und in kleine Würfelchen schneiden. Sellerie in dünne Ringe schneiden.

Beide Gemüse zusammen in leicht gesalzenem Wasser oder über Dampf knackig kochen. Öl, Essig und Zitronensaft zu einer Sauce rühren. Zwiebeln und abgetropftes Gemüse beigeben.

Matjesfilets auf Teller anrichten und mit der Gemüsesauce überziehen. Mit Petersilie bestreuen.

Fleischfondue mit Rindsfiletspitzen

1 l Palmöl zum Ausbacken

800 g Rindsfiletspitz am Stück

¼ l Curry-Mayonnaise (Rezept Seite 94)

¼ l Cocktail-Sauce (Rezept Seite 94)

schwarzer Pfeffer

weisser Pfeffer aus der Mühle

diverse Beilagen wie Mixed-Pickles, eingelegte Maiskölbchen, verschiedene Salate

Fleisch trockentupfen und erst kurz vor dem «Fondueplausch» in mundgerechte Stücke schneiden.

Öl in der Fonduepfanne erhitzen. Jeder spiesst sein Fleisch selbst auf Fonduegabeln und brät es nach Belieben länger oder kürzer im Öl.
Palmöl eignet sich ausgezeichnet zum Ausbacken. Es lässt sich hoch erhitzen und hat keinen unangenehmen Nebengeschmack.

PIZZEN, NUDELN, FLADENBROT, PFANNKUCHEN

Pizzateig
für 4 Teigrondellen

450 g Mehl

1 TL Salz

25 g frische Hefe

2 dl lauwarmes Wasser

5 EL Olivenöl

Mehl und Salz in eine Schüssel geben und mischen. Hefe in dem lauwarmen Wasser auflösen. Zuerst die Hefe, dann das Öl gut mit dem Mehl verrühren. Das Ganze zu einem glatten Teig kneten. Teig an einem warmen Ort zugedeckt zirka eine Stunde gehen lassen. Abermals durchkneten und verarbeiten.

Pizza mit Pfifferlingen und Steinpilzen
1 Rezeptmenge Pizzateig (Rezept siehe oben)

250 g Fleischtomaten

1 mittelgrosse Zwiebel, fein gehackt

1 EL Soja- oder Olivenöl

1 Knoblauchzehe, fein gehackt

1 EL Tomatenkonzentrat

1½ dl Tomatensaft

etwas frischer Thymian und Majoran

Salz

Pfeffer aus der Mühle

1 Prise Zucker

250 g Steinpilze

250 g Pfifferlinge

1 TL Soja- oder Olivenöl

1 Bund Schnittlauch

geriebener Gruyèrekäse

Pizzateig nach Grundrezept zubereiten. Teig vierteln und gleichmässig dicke Rondellen ausrollen. Je nach Backofentyp müssen die Pizzen in zwei Arbeitsgängen gebacken werden.
Für den Teigbelag die Tomaten in heisses Wasser tauchen und Haut abziehen. Stielansätze herausschneiden und Früchte entkernen. Im heissen Öl Zwiebeln, Knoblauch und Tomaten gut dünsten. Tomatenkonzentrat und -saft sowie die Prise Zucker beigeben. Würzen. Sauce einkochen lassen. Es soll eine streichfähige, dicke Masse entstehen. Erkalten lassen.
Pilze putzen und trocken abreiben. Nicht waschen. Pilze in Scheibchen schneiden und in einer leicht geölten Pfanne portionenweise dünsten. Erkalten lassen.
Tomatensauce auf die Teigböden streichen, dabei etwas Rand freilassen. Pilze darauf verteilen. Im vorgeheizten Ofen bei 220 Grad auf der zweituntersten Rille knusprig backen. Geriebenen Käse auf die ausgebackenen Pizzen verteilen und noch einmal kurz in den Ofen schieben. Mit Schnittlauch bestreuen.

Nudeln
Rezept I

300 g Mehl

60 g Hartweizengriess

2–3 Eier, verquirlt

1 EL Salz

0,2 dl Olivenöl

Mehl, Griess und Salz mischen. Eier und Olivenöl beigeben und zu einem elastischen Teig kneten. In Klarsichtfolie einwickeln und mindestens 2 Stunden im Kühlschrank ruhen lassen.
Teig auf einer gut bemehlten Arbeitsfläche sehr dünn und gleichmässig ausrollen. Mit einem scharfen Messer und mit Hilfe eines Lineals Nudelstreifen beliebiger Breite schneiden. Überschüssiges Mehl abklopfen oder mit einem Backpinsel entfernen.

Reichlich leicht gesalzenes Wasser mit einigen Tropfen Olivenöl zum Kochen bringen. Nudeln hineingeben und bissfest (al dente) kochen.

Nudeln
Rezept II

---
230 g Mehl

---
65 g gesalzene Butter, zimmerwarm

0,1 dl Distelöl

---
2 Eier, verquirlt

Mehl und weiche Butter in eine Schüssel geben und zu einem krümeligen Teig arbeiten. Distelöl und Eier zugeben und zu einem glatten, elastischen Teig kneten. Teig in Klarsichtfolie einwickeln und mindestens 2 Stunden im Kühlschrank ruhen lassen.
Teig auf einer gut bemehlten Arbeitsfläche sehr dünn und gleichmässig ausrollen. Mit einem scharfen Messer und mit Hilfe eines Lineals Nudelstreifen beliebiger Breite schneiden. Überschüssiges Mehl abklopfen oder mit einem Backpinsel entfernen.
Reichlich leicht gesalzenes Wasser mit einigen Tropfen Olivenöl zum Kochen bringen. Nudeln hineingeben und bissfest (al dente) kochen.

Nudeln Aglio

---
1 Rezeptmenge Nudelteig, Rezept I oder II

⅛ l Olivenöl

3–4 Knoblauchzehen, gepresst

Nudeln nach Grundrezept zubereiten.
Olivenöl mit dem gepressten Knoblauch mischen und zu den Nudeln geben.
Man kann den Knoblauch auch fein hacken und im Olivenöl goldbraun dünsten.

Fladenbrot

---
800 g Weizenmehl

---
50 g frische Hefe

2–3 EL lauwarmes Wasser

---
1 EL Salz

⅛ l Olivenöl

---
2 EL Olivenöl zum Bestreichen

---
200 g grüne Oliven, entsteint

---
200 g schwarze Oliven, entsteint

---
grobes Meersalz

Mehl und Salz in eine Schüssel geben und mischen. Hefe im lauwarmen Wasser auflösen und zum Mehl geben. Das Öl nach und nach darunterarbeiten und gut durchkneten. Zu einer Kugel formen und an einem warmen Ort 4 Stunden gehen lassen.
Teig abermals durchkneten und die abgetropften Oliven in den Teig arbeiten. Fladen formen und auf ein Backblech setzen. Fladen noch einmal 15 Minuten gehen lassen. Mit einem Messer kleine Vertiefungen in die Oberfläche schneiden und mit dem restlichen Olivenöl beträufeln. Mit Meersalz bestreuen. Im vorge-

heizten Backofen bei 240 Grad zirka 45 Minuten backen.

Enchiladas de Pollo
(gefüllte Maispfannkuchen aus Mexiko)
Teig:

---
270 g Mehl

---
3 EL Maismehl

---
4 Eier, verquirlt

1,5 dl Milch

---
1 Prise Salz

Füllung:

---
8 grosse reife Fleischtomaten

---
350 g Gemüsepaprika (Peperoni)

---
1 mittelgrosse Zwiebel, fein gehackt

0,2 dl Olivenöl

---
500 g Geflügelbrust

---
1 Chilischote, kleingeschnitten

---
15 schwarze Oliven, entsteint, kleingeschnitten

---
15 grüne Oliven, entsteint, klein geschnitten

Salz

Pfeffer aus der Mühle

Cayennepfeffer

---

zum Ausbacken:

---
einige EL Maiskeimöl

Für den Teig Mehl, Maismehl und Salz in einer Schüssel mischen. Eier und Milch dazugeben und zu einem glatten Teig rühren. Teig mindestens 30 Minuten ruhen lassen.

Tomaten in heisses Wasser tauchen. Haut abziehen und Stielansätze kreisförmig herausschneiden. Fruchtfleisch würfeln. Gemüsepaprika vierteln. Stielansatz, Scheidewände und Kerne entfernen. Paprika mit der Aussenseite nach oben auf ein Backblech legen und auf Grillstufe bräu-nen. Haut abziehen und quadratische Stücke schneiden.

Im heissen Olivenöl das Geflügelfleisch anbraten. Zwiebeln beigeben und mitdünsten. Tomaten, Paprika, Chilischote und Oliven beigeben. Mit Salz, Pfeffer und wenig Cayennepfeffer würzen. So lange köcheln lassen, bis das Gemüse eine sämige Konsistenz hat.

Wenig Maiskeimöl in einer grossen Bratpfanne erhitzen. Aus dem Teig vier Pfannkuchen backen. Pfannkuchen auf einer Hälfte mit der Gemüsefüllung belegen. Andere Hälfte darüberklappen und sofort servieren.

Salsa di Noci

150 g Walnusskerne (Baumnüsse)

50 g Pinienkerne

1–2 Knoblauchzehen

5 EL gezupfte Petersilienblätter

Pfeffer aus der Mühle

5 EL Walnussöl (Baumnussöl)

wenig Hühnerbouillon

Walnusskerne kurz in kochendes Wasser geben und danach die Häutchen abziehen. Diese Arbeit ist sehr zeitintensiv, aber es lohnt sich, erhalten wir doch dadurch eine geschmacklich viel feinere Sauce. Pinienkerne in einer Pfanne ohne Fettstoff goldbraun rösten. Das geht sehr schnell. Also Pfanne nicht aus den Augen lassen. Walnüsse, Pinienkerne, Knoblauchzehen und Petersilie im Mixer pürieren. Paste in eine Schüssel geben und würzen. Das erwärmte Walnussöl unter kräftigem Rühren dazugeben. Wenn die Paste zu dick ist, wenig heisse Hühnerbouillon beigeben.
Die Salsa di Noci passt ausgezeichnet zu Teigwaren aller Art.

Olio Santo

15–20 Chilischoten

½ l Olivenöl

Chilischoten in eine Flasche mit breitem Hals füllen. Vorteilhaft ist eine Flasche aus

DRESSINGS UND SAUCEN

dunkel gefärbtem Glas, da dadurch Vitamine und Mineralstoffe geschont werden. Das Öl über die Schoten giessen und die Flasche verschlossen an einem nicht zu kühlen Ort etwa 3 bis 4 Wochen lagern. Danach Schoten entfernen.
Das aromatisierte Öl wird für Nudelgerichte, aber auch für viele andere Gerichte verwendet, bei denen eine pikante Note gefragt ist, zum Beispiel bei Suppen.
Der Anteil an «Schärfe» kann durch kürzere oder längere Lagerung der Chilischoten im Öl gesteuert werden. Die eingelegten Chilischoten kann man, fein gehackt, für pikante Gerichte verwenden.

Aioli

5 Knoblauchzehen

1 TL Meersalz

2 Eigelb

75 g Weissbrot ohne Rinde

¼ l Olivenöl bester Qualität

1 Spritzer Zitronensaft

Knoblauch durch die Knoblauchpresse drücken und mit dem Salz mischen. Eigelb und zerzupftes Weissbrot beigeben und zu einer glatten festen Masse rühren. 10 Minuten im Kühlschrank ruhen lassen. Das Öl in kleinen Portionen mit der Sauce verrühren. Mit dem Zitronensaft abschmecken.

Italienische Sauce

2 Knoblauchzehen

4 Schalotten

3 EL Olivenöl

50 g Schinkenwürfelchen

1–2 EL Tomatenkonzentrat

3 cl Weisswein

80 g Champignons

¼ l braune Bratensauce

Salz

Pfeffer aus der Mühle

Knoblauchzehen und Schalotten fein hacken und im heissen Öl dünsten. Schinkenwürfelchen und Tomatenkonzentrat beigeben. Mit Weisswein ablöschen. Champignons trocken abreiben und klein hacken. Zusammen mit der angerührten braunen Sauce in die Pfanne geben. Etwas einkochen lassen. Mit Salz und Pfeffer abschmecken.
Die italienische Sauce harmoniert mit kurzgebratenem Kalbfleisch.

Salatsauce
Grundrezept

4 EL Sherryessig
2 EL Akazienhonig
Salz
Pfeffer aus der Mühle
3 EL Weizenkeimöl
2 EL Walnussöl (Baumnussöl)
1 EL frische Rosmarinnadeln

Sherryessig und Akazienhonig gut verrühren. Salz und Pfeffer beigeben. Das Öl unter kräftigem Rühren nach und nach zum Essig geben. Rosmarinnadeln fein schneiden und in die abgeschmeckte Sauce geben.
Diese Salatsauce passt zu Blattsalaten.

Mayonnaise und artverwandte Saucen
Grundrezept

4 Eigelb
1 TL englischer Senf
¼ l Olivenöl bester Qualität
Zitronensaft
wenig Worcestersauce
Salz
weisser Pfeffer aus der Mühle
1 Prise Cayennepfeffer

Eigelb und Senf verrühren. Olivenöl in kleinen Portionen unter kräftigem Schlagen zum Eigelb geben. Sauce mit Zitronensaft, Worcestersauce, Salz, Pfeffer und Cayennepfeffer abschmecken.

Wichtig: Damit die Mayonnaise gut bindet, müssen die Zutaten die gleiche Temperatur (Zimmertemperatur) haben.

Curry-Mayonnaise

¼ l Mayonnaise (Grundrezept)
1 EL mildes Currypulver

Mayonnaise und Currypulver verrühren. Damit es keine Klümpchen gibt, streicht man das Pulver am besten durch ein feines Sieb.

Gribische Sauce

1 Portion Mayonnaise (Grundrezept)
1–2 hartgekochte Eigelb
4–5 Stengel Petersilie
1 Zweig Dill
1 Zweig Estragon
etwas Kerbel
3–4 Cornichons
1 EL Kapern
1 kleine Zwiebel

Eigelb fein hacken und durch ein Sieb zur Mayonnaise drücken. Petersilie und übrige Kräuter zupfen (Stengel und Stiel werden nicht verwendet) und fein hacken. Cornichons, Kapern und Zwiebel ebenfalls fein hacken. Sämtliche Zutaten zur Mayonnaise geben. Falls nötig, nachwürzen.
Die gribische Sauce passt zu Fleisch, Fisch, Eiern und Kartoffeln.

Englische Sauce

1 Portion Mayonnaise (Grundrezept)
1 TL englisches Senfpulver

Mayonnaise mit dem Senfpulver abschmecken.
Die englische Sauce passt zu Fisch-, Eier- und Kartoffelgerichten.

Grüne Sauce

1 Portion Mayonnaise (Grundrezept)
50 g Spinat
einige Petersilienstengel
etwas Kerbel
1 Zweig Dill
1 Zweig Estragon

Spinat waschen und grobe Stiele entfernen. Kräuter ebenfalls waschen und Blättchen zupfen. Die Stengel werden nicht verwendet. Kräuter samt Spinat pürieren. Durch ein Sieb, vorzugsweise ein Saucenspitzsieb, zur Mayonnaise drücken. Falls nötig, nachwürzen.
Die grüne Sauce harmoniert mit gekochtem Fisch, Fleisch und Kartoffeln.

Cocktailsauce

¼ l Mayonnaise (Grundrezept)
1–2 EL Ketchup
1 Spritzer Cognac oder Weinbrand

1 Spritzer Orangensaft

1 Prise Cayennepfeffer

2 EL geschlagene Sahne

Sämtliche Zutaten, ausser der Sahne, gut verrühren. Sahne vor dem Servieren darunterrühren. Nach Belieben mit Salz und Pfeffer abschmecken.

Remouladensauce

1 Portion Mayonnaise

4 Cornichons

einige Petersilienstengel

1 EL Kapern

2–3 Sardellenfilets

Cornichons fein hacken, Petersilie ohne Stengel fein hakken. Kapern und Sardellenfilets ebenfalls fein hacken. Sämtliche Zutaten zur Mayonnaise geben. Falls nötig, nachwürzen.
Die Remouladensauce passt ausgezeichnet zu kurz gebratenem kaltem Fleisch.

Tatarsauce

1 Portion Mayonnaise (Grundrezept)

2 hartgekochte Eier

1 kleine Zwiebel

Eier schälen und fein hacken. Zwiebel ebenfalls fein hacken. Zur Mayonnaise geben. Falls nötig, nachwürzen.
Die Tatarsauce kann man zu kurz gebratenem kaltem und warmem Fleisch servieren.

Wildmarinade

¾ l Rotwein

10 Wacholderbeeren

4 weisse Pfefferkörner

1 Zweig frischer Thymian, Blättchen abgestreift

1 unbehandelte Orange, abgeriebene Schale davon

1 Lorbeerblatt

1 kleine Zwiebel, fein gehackt

30 g Sellerie

30 g Karotten

3 EL Traubenkernöl

Rotwein in eine Schüssel geben. Wacholderbeeren und Pfefferkörner im Mörser zerstossen und zusammen mit der geriebenen Orangenschale, dem Lorbeerblatt und den Thymianblättchen zum Wein geben. Sellerie und Karotten schälen und möglichst klein würfeln (Brunoise). Alle Zutaten in die Marinade geben.
Diese Marinade wird für Wildfleisch verwendet. Man lässt das Fleisch darin am besten über Nacht im Kühlschrank ziehen. Die Marinade wird als Basis für die Sauce verwendet.

Fischmarinade

⅛ l Oliven- oder Sonnenblumenöl bester Qualität

10 g Meersalz

3 EL Weissweinessig

¼ l trockener Weisswein

1 Loorbeerblatt

1 Zweig frischer Thymian, Blättchen abgestreift

1 Schalotte, fein gehackt

einige Stengel Petersilie

etwas Zitronensaft

Pfeffer aus der Mühle

Sämtliche Zutaten in eine Schüssel geben und verrühren.
Fisch darin über Nacht bei Zimmertemperatur zugedeckt ziehen lassen. Der Säureanteil der Marinade bringt das Fischeiweiss zum Stocken und konserviert den Fisch.

Kräutersauce

1 Zweig frischer Estragon, Blättchen abgestreift

1 Zweig frischer Dill, nur Blättchen

wenig Schnittlauch, fein geschnitten

wenig Petersilie

2 Blatt Basilikum

1 Schalotte, fein gehackt

1 Spritzer Zitronensaft

6 EL Olivenöl bester Qualität

1 EL Estragonessig

Salz

Pfeffer aus der Mühle

Sämtliche Kräuter, ausgenommen Schnittlauch, fein hacken.
Zitronensaft, Olivenöl, Estragonessig verrühren und alle Zutaten beigeben. Mit Salz und Pfeffer würzen.

Fischersauce

*1 Portion Kräutersauce
(Rezept Seite 96)*

50 g Krabbenfleisch

Krabbenfleisch fein hacken und mit der Sauce mischen. Diese Sauce passt ausgezeichnet zu Fischgerichten und Salaten.

Ravigotesauce

*1 Portion Kräutersauce
(Rezept Seite 96)*

3–4 Cornichons

1 EL Kapern

Cornichons und Kapern fein hacken und mit der Kräutersauce mischen.
Diese Sauce passt zu Fleisch- und Fischgerichten sowie zu Salaten.

Graved-Lachs-Sauce
lauwarme Variante

80–100 g Senf

3 EL erwärmtes Maiskeimöl

50 g zimmerwarme Butter

1 EL Honig

2 EL Sahne

1 cl Cognac oder Weinbrand

1 TL Dill

Öl und Butter nach und nach untere kräftigem Schlagen zum Senf geben. Honig, Sah-

ne und Cognac darunterrühren. Dillblättchen fein hacken und beigeben. Mit Pfeffer und Salz abschmecken. Sauce sofort servieren.
Damit die Sauce bindet und eine sämige Konsistenz bekommt, braucht es etwas Geduld. Wichtig ist vor allem, dass die Zutaten die gleiche Temperatur haben.

Graved-Lachs-Sauce
kalte Variante

3 Eigelb

¼ l Maiskeimöl

2 EL Dijonsenf

wenig Dill

wenig Kerbel

Salz

Pfeffer aus der Mühle

Eigelb und Senf verrühren. Öl tropfenweise unter kräftigem Schlagen zum Eigelb geben. Fein gehackte Dill- und Kerbelblättchen beigeben. Mit Salz und Pfeffer würzen.

Pesto-Sauce

2 EL Pinienkerne

5 Knoblauchzehen

Salz

Pfeffer aus der Mühle

200 g frisches Basilikum

⅛ l Olivenöl

100 g Pecorino (harter italienischer Schafskäse)

Pinienkerne, geschälte Knoblauchzehen und Basilikumblätter im Mixerglas pürieren. Paste in eine Schüssel geben. Nach und nach das Olivenöl und den geriebenen Schafskäse dazugeben. Mit Salz und Pfeffer würzen.
Die Pesto-Sauce kann man zu allen Teigwarensorten oder auch zur Minestrone servieren.

Kalte Provence-Sauce

4 Knoblauchzehen

1 Prise Salz

40 g Anchovis

1 kleine Chilischote

2 Eigelb

⅛ l Olivenöl

1 Spritzer Worcestersauce

wenig Zitronensaft

Pfeffer aus der Mühle

Knoblauchzehen schälen und sehr fein hacken. Eine Prise Salz darüberstreuen. Anchovis und Chilischote ebenfalls fein hacken. Eigelb verquirlen. Anchovis, Knoblauch und Chili beigeben. Mit wenig lauwarmem Wasser sämig rühren. Nach und nach Olivenöl tropfenweise und unter ständigem Schlagen dazugeben. Bei Bedarf mit wenig lauwarmem Wasser verdünnen. Provence-Sauce mit Zitronensaft, Worcestersauce und Pfeffer abschmecken.
Die Provence-Sauce passt zu Kalbfleisch und Grilladen.

Rouille

1 roter Gemüsepaprika (Peperoni)

4–5 Knoblauchzehen

1 kleine Zwiebel, fein gehackt

Meersalz

1–2 Chilischoten

100 g Kartoffelpüree

2 Eigelb

⅛ l Olivenöl bester Qualität

einige Safranfäden

Gemüsepaprika vierteln, Stielansatz und weisse Scheidewände samt Kernen entfernen. Gemüsepaprika, Haut nach oben, im vorgeheizten Ofen auf Grillstufe kurz bräunen. Haut abziehen und Fruchtfleisch kleinschneiden. Paprika, Knoblauchzehen, Zwiebeln und Chilischoten pürieren. Kartoffelpüree und Eigelb dazugeben und gut verrühren. Öl unter kräftigem Rühren in kleinen Portionen dazugeben. Mit dem Meersalz und den Safranfäden abschmecken.

Tomatensauce

300 g reife Fleischtomaten

6 EL Olivenöl bester Qualität

1 mittelgrosse Zwiebel

30 g Schinkenspeck

1 Knoblauchzehe

120 g Knollensellerie

1 Karotte

einige Petersilienstengel

2 EL Tomatenkonzentrat

¾ l Rindsbouillon

Salz

Pfeffer aus der Mühle

1 Prise Zucker

einige Basilikumblätter

Stielansätze bei den Tomaten kreisförmig herausschneiden und grob zerkleinern. Zwiebel und Knoblauchzehen fein hacken. Schinken klein würfeln. Knollensellerie und Karotte schälen und grob würfeln. Olivenöl erhitzen und sämtliche vorbereitete Zutaten unter ständigem Rühren dünsten. Petersilie samt Stengel sowie Tomatenkonzentrat beigeben. Mit der Rindsbouillon auffüllen. Auf kleinem Feuer 25 Minuten garen. Tomatensauce pürieren und durch ein Sieb streichen. Man verwendet dazu am besten ein Saucenspitzsieb. Sauce abermals aufkochen und je nach Konsistenz noch etwas einkochen lassen. Mit Salz, Pfeffer und der Prise Zucker abschmecken. Die feingeschnittenen Basilikumblätter kurz vor dem Servieren beigeben.
Die Tomatensauce passt ausgezeichnet zu allen Teigwarensorten.

Masseinheiten

l   Liter
dl   Deziliter
cl   Zentiliter (¹/₁₀ Deziliter)
g   Gramm
EL   Esslöffel, randvoll oder gestrichen
TL   Teelöffel, randvoll oder gestrichen

Die Rezepte sind,
wenn nicht anders vermerkt,
für 4 Personen.

Adressen und Produkteverzeichnis

Hersteller, Vertreiber und Importeure von Ölen

ACF, 372 West Blithedale, Mill Valley, California 94941, USA, Tel. 415-383-5630.
Machen das bisher beste Avocadoöl, das erhältlich ist (nur direkt).

Allgäuer Alpenmilch, Prinzregentenstr. 155, 8000 München 80, Tel. 0 89/4 11 60.
Dr. Ritter, Safloröl.

Alsan Werke, PF 147, 2200 Elmshorn, Tel. 0 41 21/5 00 44.
Alsan, Margarine.

Dr. Nanni Ardoino, Piazza de amicis, I-18100 Oneglia/Imperia, Tel. 183/2 36 60.
Vall Aurea, italienisches Olivenöl extra vergine aus Ligurien.
Das Öl nur direkt oder über die Vinothek St. Stephan, Stephansplatz 6, A-1010 Wien, Tel. 02 22/5 26 85 81, zu beziehen.

Bailly S.A., Aulnay sous Bois und Carros, beides Frankreich.
Die Öle sind im Handel selten erhältlich.
A l'Olivier, Nuss-, Walnuss-, Mandel-, Erdnuss-, Weizenkeim-, Mais-, Sesam-, Raps-, Traubenkern-, Kardamom- und Olivenöl.

Villa Banfi, Weingut, I-Montalcino/Toskana und Rom, Tel. 06/42 19 10.
Villa Banfi, toskanisches Olivenöl der ersten kalten Pressung. Nur direkt beziehbar oder über PRO. V. ITA (siehe dort).

Bardo, Olivenöl extra vergine von Oleificio Viola aus der Region des Gardasees.

Benedicta S.A., Rue Marx Dormoy 15, F-59113 Seclin, Tel. 020/32 00 03.
Benedicta, französisches Traubenkern-, Sonnenblumen-, Maiskeim-, Nuss- und Olivenöl.

Importhaus Wolfram Berge, Alfred-Nobel-Str. 1, 5223 Nümbrecht, Tel. 0 22 93/30 60.
Berge Öle, Distel-, Haselnuss-, Erdnuss-, Traubenkern-, Maiskeim-, Soja-, Sonnenblumen- und Olivenöl.

Bizac, Le Teinchurier 19, F-19102 Brive.
Bizac, französisches Traubenkern-, Nuss-, Haselnuss- und Mandelöl.

Alfred Brack AG, CH-5502 Hunzenschwil, Tel. 064/47 42 30.
Vertrieb von kaltgepressten Ölen.

Brändle Ölmühle, Wehrsteinerstr. 11, 7246 Empfingen, Tel. 0 74 85/8 55.
Brändle, Kürbiskern-, Traubenkern-, Walnuss-, Distel- bzw. Saflöröl u. a.

Harald Bremer, Efeuweg 3, 3300 Braunschweig, Tel. 05 31/37 60 43.
Lebensmittelversand «La Fattoria» mit «Labbate Olivenöl extra vergine» und weiteren hochwertigen Olivenölen aus der Toskana, Apulien und Ligurien. Katalog wird auf Anfrage zugeschickt (Direktimport).

Calvi & Ci, Via Garessio 56, I-18100 Imperia-Oneglia, Tel. 01 83/228 51-52.
Calvi Ponente, ligurisches Olivenöl extra vergine, nur direkt beziehbar.

Carapelli S. p. A., Florenz, Italien
Ligustro, italienisches Olivenöl extra vergine.

Carbonell Deutschland, Stalburgstr. 5, 6000 Frankfurt 1, Tel. 0 69/55 07 46-49.
Carbonell, spanisches Olivenöl.
Sasso, italienisches Olivenöl extra vergine.
Finoliva, spanisches Olivenöl vergine (nativ, fein).

Carrata Speiseöl Vertrieb, Auf der Litten 136, 4300 Essen 1, Tel. 02 01/21 02 42.

Castel Cosimo, Heidenkampsweg 84, 2000 Hamburg 1, Tel. 0 40/23 44 43.
Castel Cosimo, Ostdorfer Landstr. 224, 2000 Hamburg 53, Tel. 0 40/80 19 99.
Castel Cosimo, Kieler Strasse 450, 2000 Hamburg 54, Tel. 0 40/5 40 71 10.
Castel Cosimo, Wellingsbüttler Weg 174, 2000 Hamburg 65, Tel. 0 40/5 63 04 24.
Castel Cosimo, Langenhorner Chaussee 96, 2000 Hamburg 62, Tel. 0 40/5 31 25 80.
Italienische Olivenöle und Nussöle aus verschiedenen Regionen Italiens bis hin zu einem ungefilterten kaltgepressten Olivenöl der höchsten Qualitätsstufe (Direktimport).

Catsacoulis S.A., Mytilene, Griechenland.
Irina, griechisches Olivenöl der ersten kalten Pressung.

Gudio Chelazzi S. p. A., Via Condotta 12, I-50122 Florenz.
Giuliva, italienisches Olivenöl extra vergine.

Weinhandlung Claussen, Papenhuder Strasse 23, 2000 Hamburg 76, Tel. 0 40/22 10 06.
Hier gibt es Olivenöle der ersten kalten Pressung aus verschiedenen Fattorias der Toskana (Direktimport).

Paul Corcellet, F-61120 Vimoutiers.
Corcellet, französisches Walnussöl.

Guy Daver Ölmühle, F-Spéracedès bei Grasse, Tel. 093/66 11 20.
Aime Baussy, französisches Olivenöl extra vergine (allerdings frühe Ernte) aus der Provence. Nur direkt zu beziehen.

Dittmann Feinkost, Im Maisel 6, 6204 Taunusstein 5, Tel. 0 61 28/7 10 45-8.
Dittmann, kaltgepresstes Sonnenblumenöl.

Eden-Waren GmbH, Königsteiner Strasse 107, 6232 Bad Soden, Tel. 0 61 96/60 04.
Eden, Vollwert-Sonnenblumen-, Distel- und Leinöl vornehmlich zur Anwendung in der kalten Küche.

Edeka Zentrale AG, New-York-Ring 6, 2000 Hamburg 60, Tel. 0 40/6 37 71.
Die Gesunde, Margarine.

Wilhelm Egle, Hauptstr. 47, 7914 Pfaffenhofen, Tel. 0 73 02/8 10.
Distelöl.

vom Ende, Importeur, Am Hohen Haus 2, 4150 Krefeld, Tel. 0 21 51/2 56 56.
Nicodemi, Olivenöl extra vergine der Fattoria Nicodemi in den Abruzzen.

Fauser Vitaquellwerk, Pinneberger Chaussee 60, 2000 Hamburg 54, Tel. 0 40/57 50 57.
Saatvital, Speiseöle, Vitaquell, Pflanzenöle. Das wohl umfangreichste Sortiment an pflanzlichen Ölen schlechthin: Erdnuss-, Haselnuss-, Walnuss-, Kürbiskern-, Mohn-, Maiskeim-, Weizenkeim-, Sesam-, Lein-, Soja-, Traubenkern-, Raps-, (selbstverständlich) Oliven- und sogar ein 3-Frucht-Öl (75% Sonnenblumen-, 15% Lein- und 10% Weizenkeimöl) gibt es. Vitaquell Vollreform-Sonnenblumenöl, Vitaquell Distelöl und Vitaquell Kalifornisches Distelöl ergänzen die sehr breite Angebotspalette. Vitaquell und Vitasieg bzw. -zell, Margarinen aus Pflanzenöl gewonnen, die nicht gehärtet und äusserst natriumarm sind. Über Fauser Vitaquell ist auch die nützliche «Fettfibel» zu beziehen, sehr informativ und verständlich geschrieben.

Fäustle Import, Westendstr. 6, 8961 Kempten, Tel. 08 31/7 30 35.
Cisano extra, siehe Oleificio Cisano.
Calmasino, siehe Frantoio Olive Calmasino.
Anzi, italienisches Olivenöl extra vergine.

Torri, italienisches Olivenöl extra vergine.
di Sansa, italienisches, natives Olivenöl.
Sole, kalifornisches Distelöl.
Florin AG, Hofackerstr. 54, CH-4132 Muttenz, Tel. 061/62 22 22.
Florin Erdnuss-, Sonnenblumen-, Soja-, Raps-, Kokos-, Palm- und Palmkernöl. Ausserdem gehärtet: Kokosfett, Erdnuss- und Sojafett sowie Mischungen, z. B.: Soja- und Raps- oder Erdnuss- und Raps-Öl/ -Fett. Diverse Margarinen.

Frantoio Olive Calmasino, Via Monte Baldo 14, I-Calmasino/Bardolino, Tel. 04 57/23 55 98.
Calmasino, Olivenöl extra vergine, auch über Fäustle (siehe dort) zu beziehen.

Gustav Gerig AG, Agentur und Lebensmittel-Import, Hardturmstr. 169, CH-8005 Zürich, Tel. 01/271 32 40.
Vertrieb von hochwertigen Speiseölen.

Ets. Guenard, F-41140 Noyers sur Cher.
Guenard, Nuss-, Haselnuss-, Walnuss-, Mandel- und sogar Pinienkernöl.

Franz Hönekopp KG Import, Postfach 10 06 28, 4040 Neuss, Tel. 0 21 01/1 70 11.
Wan Kwai, chinesisches Sesamöl, besonders für thailändische Speisen geeignet (auch hoch erhitzbar).

Homann Lebensmittelwerke, PF 1180, 4503 Dissen, Tel. 0 54 21/3 11.
Dessa Diät, Diät-Margarine.
Homa Bratfrit, Bratfett und -öl.
Homa Gold, Margarine.
Homa Leicht, Margarine.
Homa Speiseöle, Walnuss-, Soja-, Diät-Distel-, Traubenkern-, Keim-, Sonnenblumen-, Erdnuss- und Olivenöl. Ausserdem ein mit Knoblauch gewürztes Soja-/Hasel-nussöl. Das angebotene Olivenöl ist aus der ersten kalten Pressung.

Die Öle werden auch – ideal zum Ausprobieren – in 100-ml-Flaschen angeboten.

Benedikt Klein GmbH, Aachenerstr. 340, 5000 Köln 41, Tel. 02 21/54 20 06.
Bekana, Margarine.
Benin, Pflanzenfette.
Botterram, Pflanzenmargarine.
Clivia, Pflanzenfette.
Landblume, Margarine.
Overstolz, Margarine.
Planta, Margarine.
Sana, Margarine.
Vitagold, Margarine.

Kleinmann GmbH, Postfach, 6796 Wachenheim/Weinstrasse.
Arboris, natives Olivenöl.

Josef Kortschak, A-8072 Fernitz, kein Telefon, Post kommt an.
Kürbiskernöl, aus der Steiermark, von Kortschak selbst hergestellt.

Carl Kühne KG, Schützenstr. 38, 2000 Hamburg 50, Tel. 0 40/8 55 60.
Exquisit Salatöl, Olivenöl.

Lesieur GmbH, PF 1120, 6601 Kleinblittersdorf 2, Tel. 0 68 05/40 44.
Frittor, Speisefette.
Lesieur, Speiseöle.
Premium Spezialöle, Speiseöle.
Salador, Öl.
Sojador, Öl.

Maizena Markenartikel GmbH, Knorrstr. 1, 7100 Heilbronn, Tel. 0 71 31/50 11.
Mazola, Keimöl, Speiseöl, gewonnen aus Maiskeimen. Eignet sich auch gut zum Braten, Schmoren und Grillen, da das Öl relativ hoch (bis 200 Grad) erhitzbar ist.

Frantoio Faliero Mancianti, Weingut, I-San Feliciano sul Trasimeno/Umbrien, Tel. 02/407 84 61.
Mancianti, erstklassiges Olivenöl extra vergine, aus Umbrien (nicht billig, aber auch wirklich ausgezeichnet), auch über die Firma Michelangelo Saitta, Ackerstr. 105, 4000 Düsseldorf, Tel. 02 11/66 50 65, zu beziehen. Dort gibt es auch das

toskanische Olivenöl extra vergine «Castellare L'olionovo» des gleichnamigen Weinguts Castellare in Chianti (Tel. 05 77/74 02 72).

Margarinewerk Saar, Gebr. Fauser, Auf der Teufelsinsel, 6670 St. Ingbert, Tel. 0 68 94/70 77.
Landsieg, Margarine.

Meistermarken-Werke, Rembertring 39, 2800 Bremen, Tel. 04 21/3 63 41.
Goldband, Margarine.
Goldflex, Bratfett.
Lukull, Speisefett.

Meylip Nahrungsmittelgesellschaft, Altsenner Weg 68, 4900 Herford, Tel. 0 52 21/77 20.
Drei Gold, Margarine.
Meylip, Margarine, Öle und Fette.
Nimms Leicht, Fritieröl.
Reddy, Margarine, Speiseöl und -fett.
Vital, Speiseöl.

Minerva, Hersteller: Minerva S.P.A., Via Pirinoli 36, I-18100 Imperia.
Importeur: siehe W. F. Stirn.
Olivenöl von der feinsten Sorte (erste kalte Pressung) bis zum «Rivieratyp».

Morga AG, Tee- und Reformprodukte, Kappeler-Str. 60, CH-9642 Ebnat-Kappel, Tel. 074/3 19 15.
Vertrieb von kaltgepressten Ölen.
Mörk Vertrieb, Glemseckstr. 69, 7240 Leonberg, Tel. 0 71 52/2 21 56.
Leinöl.

Gewürz Müller, Mühlgasse 2, 6200 Wiesbaden, Tel. 0 61 21/30 07 13.
Leblanc, französisches Walnuss- und Haselnussöl (exzellent!).
Maisöl und Sonnenblumenöl.
Diverse italienische Olivenöle.

Münsterländische Margarine Werke J. Lülf, 4428 Rosendahl 1, Tel. 0 25 47/4 11.
Münsterland, Margarine und Speisefette.

Oleificio Cisano, Cisano di Bardilino, Italien, Gardasee, Tel. 04 57/21 03 56.
Cisano extra, Olivenöl extra vergine aus der Region des Gardasees.
Riviera degli olivi, Olivenöl extra vergine, der Gardaseeregion, nur direkt erhältlich.
James Plagniol, Marseille, Frankreich.
Plagniol, französisches Olivenöl der ersten kalten Pressung.

Praktika Vertrieb Ehrhardt & Swars, Tucholskystr. 84, 6000 Frankfurt 70, Tel. 0 69/68 30 35.
Roi, Olivenöl der beiden höchsten Qualitätsstufen extra vergine und vergine.

M & H Prefi, Böhmerstr. 6, 6000 Frankfurt/M., Tel. 0 69/4 69 16 94.
Poggio al Mulino, Olivenöl extra vergine vom toskanischen Gut Poggio al Mulino.

PRO. V. ITA., Im Gewerbegebiet Pesch 9, 5000 Köln 71, Tel. 02 21/5 90 42 89 und 5 90 63 98.
Villa Banfi, italienisches Olivenöl der ersten kalten Pressung.
Lupi, Olivenöl aus Ligurien, erste kalte Pressung.
Colle del'Oro, Olivenöl, erste kalte Pressung aus Umbrien.
Langarotti, Olivenöl aus Umbrien, erste kalte Pressung.
Frantoio Bianco, verschiedene Olivenöle extra vergine, auch solche, die mit Kräutern gewürzt sind.
Sardelli, toskanisches Olivenöl extra vergine.

Rapio, Via Michelangelo 3, I-70031 Bittonto/Ba, Tel. 080/61 54 42.
Rapio Fratantoio, italienisches Olivenöl der ersten kalten Pressung.

Walter Rau Lebensmittelwerke, 4517 Hilter 1, Tel. 0 54 24/66 01.
Coco Soft, Frühstücksmargarine.
Cremana, Fritier- und Bratfett.
Deli Reform, Pflanzenöl und Margarine.
Halbarine, Halbfett-Margarine.

Rau Diät, Speiseöl, Pflanzenfette, Margarine.
Rau, Backfette.

Raoul Rousso Import, Mönkenbrook 1, 2061 Elmenhorst/Stormarn, Tel. 0 45 32/61 51 und 72 95.
Huile du Haut-Vignan, französisches Traubenkern-, Walnuss-, Erdnuss-, Sesam-, Distel-, Mandel-, Sonnenblumen-, Maiskeim- und Olivenöl verschiedener Qualitäten. Die Öle sind auch in den praktischen 250-ml-Flaschen lieferbar.

Sais, Förrlibuckstr. 10, CH-8005 Zürich, Tel. 01/278 42 11.
A. Saumweber GmbH, Emil-Geis-Strasse 3–7, 8000 München 70, Tel. 0 89/7 23 20 26.
Saumweber, Sonnenblumenöl.
Saumweber, Pflanzenöl.

Schneekoppe, Müller's Mühle AG, Postfach 101852, 4650 Gelsenkirchen, Tel. 02 09/40 31.
Schneekoppe, Sonnenblumen-, Distel-, Diät-Speise- und Speise-Leinöl.
Die ersten beiden Öle eignen sich auch zum Dünsten und Anbraten, die letzten beiden sollten ausschliesslich kalt verwendet werden.

Skandinavien und Südimport GmbH, 8031 Maisach, Tel. 0 81 41/9 01 41.
Probare, Olivenöl extra vergine einmal aus der Gardaseeregion und einmal aus Sardinien. Ausserdem ein spanisches Olivenöl extra vergine aus Katalonien.

Soleillou, F-83690 Salernes.
Soleillou, Oliven-, Traubenkern-, Salat-, Fondue-(Mischung) und ein Gewürzöl (Olivenöl & Thymian).

Somona GmbH, Nahrungsmittel en gros, Bodenackerstr. 51, CH-4657 Dulliken, Tel. 062/35 46 46.
Vertrieb von kaltgepressten Ölen.

Soproval, Domaine d'Amicis,
F-83500 Tamaris/Mer,
siehe Wintermann.

Sprengler Import,
6056 Heusenstamm.
L'Estornell, spanisches Olivenöl
der ersten kalten Pressung.

Wilhelm F. Stirn, Nürnberger
Str. 82, 7100 Heilbronn,
Tel. 0 71 31/7 20 01.
Minerva, italienisches Olivenöl aller
Qualitäten, auch extra vergine.
Olio Lupi, italienisches Olivenöl.

Union Deutsche Lebensmittelwerke
GmbH, Dammtorwall 15,
2000 Hamburg 36, Tel. 0 40/34 93-0.
Becel, Margarine und Diät-Speiseöl.
Becht's Öle, Pflanzenöle u. a.
Distelöl, Sonnenblumenöl mit 10%
Weizenkeimöl.
Biskin, Pflanzenbratöl und -fett.
Blauband, Margarine und
Pflanzenöl.
Bonella, Margarine.
Brölio, Pflanzenöl.
Dante, italienisches Olivenöl der
ersten kalten Pressung oder auch als
«Riveriatyp» erhältlich.
Du darfst, Margarine.
Flora, Margarine.
Lätta, Halbfett-Margarine.
Livio, Pflanzenöl.
Palmin-Pflanzenfett zum Braten.
Rama, Margarine.
Sanella, Margarine.
SB Margarine, Margarine.
Thomy, Sonnenblumenöl.

W. Vassel Import, Postfach 70 11 36,
6000 Frankfurt 70.
Cepêra, Palmöl.

Vortella Lebensmittelwerke
W. Vortmeyer, 4994 Preussisch
Oldendorf, Tel. 0 57 42/4 70.
Vortella, Speisefett und Margarine.

Wan Kwai, s. Hönekopp.

Importhaus K. H. Wilms, Platter
Strasse 09–100, 6204 Taunusstein.
M. Wintermann, Feinkostimport,
Dürenerstr. 473a, 5000 Köln 40,
Tel. 02 21/1 60 88.
Soproval, französisches Haselnuss-
und Walnussöl mit eingelegten

Nüssen, Traubenkernöl und ein
Estragon- und Basilikumöl, jeweils
auf der Ausgangsbasis von
Traubenkernöl.

Verbände, Vereinigungen, Institutionen

American Soybean Association,
Pelzstr. 13, 2000 Hamburg 1,
Tel. 0 40/33 05 16 und 33 67 83.
Verfügt über alle Informationen
zum Thema Soja, Sojaöl,
-verarbeitung usw.

Arbeitsgemeinschaft deutscher
Maismühlen, Eversween 11,
2000 Hamburg 93,
Tel. 0 40/75 10 60.

Association des Industries
Margarinières des Pays de la CEE,
74, rue de la Loi, B-1040 Bruxelles,
Internationale Vereinigung der
Margarineindustrie.

Bundesanstalt für Ernährung,
Engesserstr. 20, 7500 Karlsruhe 1,
Tel. 07 21/6 01 14-6.
Unterabteilungen: Institut für
Ernährungsphysiologie (IEP),
Kernforschungszentrum Karlsruhe,
Bau 325,
7515 Eggenstein-Leopoldhafen,
Tel. 0 72 47/82 36 00.
Institut für Ernährungsökonomie
und -soziologie, Garbenstr. 13,
7000 Stuttgart 70,
Tel. 07 11/45 50 63-64.

Bundesanstalt für Fettforschung,
Piusallee 68–77, 4400 Münster,
Tel. 02 51/4 35 10 und 5 75 97.
(Untergliedert in ein
chemisches/physikalisches und ein
biochemisches Institut.)

CMA, Centrale
Marketing-Gesellschaft der
deutschen Agrarwirtschaft,
Koblenzerstrasse 148, 5300 Bonn,
Tel. 02 28/84 70.
(Informiert über alle
landwirtschaftlichen Produkte und
ihre Verarbeitung.)

Deutsche Gesellschaft für
Fettwissenschaft eV. (DGF),
Soester Str. 13, 4400 Münster,
Tel. 02 51/6 47 45.

Deutsches Maiskomitee e. V.,
Haygnstr. 4, 5300 Bonn 1,
Tel. 02 28/65 90 35.

European Vegetable Protein
Federation (EUVEPRO),
Leuvensestraat 29,
B-1800 Vilvoorde, Tel. 02/252 10 52.

Fédération de l'Industrie de
l'Huilerie de la CEE – FEDIOL –,
74, rue de la Loi, B-1040 Bruxelles,
Tel. 2 30 31 25, Internationale
Ölmühlenindustrievereinigung.

Fédération Internationale des
Associations Margarinières
– IFMA –, 74, rue de la Loi, Bte 3,
B-1040 Bruxelles, Tel. 2 30 48 10.
Vereinigung der
Margarine-Verbände.

Forschungskreis der
Ernährungsindustrie e. V.,
Lavesstr. 67, 3000 Hannover 1,
Tel. 05 11/32 42 27.

Grofor, Deutscher Verband des
Grosshandels mit Ölen, Fett und
Ölrohstoffen, Gotenstr. 21,
2000 Hamburg 1,
Tel. 0 40/23 60 16-18.

Informationsgemeinschaft Olivenöl,
Trappentrustr. 1, 8000 München 2,
Tel. 0 89/50 77 99. Informiert im
Auftrag der «Europäischen
Gemeinschaft» über Olivenöl, die
Anbaugebiete, Gewinnung usw.

International Olive Oil Council,
Juan Bravo 10, 2°–3°,
E-28006 Madrid, Tel. 431 89 39 oder
431 89 42. Informiert international
über Oliven und Olivenöl und gibt
das Magazin «Olivae» in Englisch,
Französisch, Italienisch und
Spanisch heraus.

International Society for Fat
Research – ISF –,
c/o Karlshamns AB,
Division R & D,
S-37 482 Karlshamn,
Tel. 46/54-821 37.

Margarine-Institut für gesunde
Ernährung, Friesenweg 1,
2000 Hamburg 50,
Tel. 0 40/88 20 91, kann fast alle

Fragen zum Thema Margarine, Verarbeitung, Herstellung, Lagerung, Geschichte usw. beantworten.

Verband der deutschen Margarineindustrie e. V., Heussallee 2–10, 5300 Bonn 1, Tel. 02 28/21 80 51.

Neuform, Verband der Reformhäuser, alle Informationen über: Natürlich gesund leben. Jochen G. Bielefeld, Am Hechenberg 61, 6500 Mainz 42, Tel. 0 61 31/59 30 34-35.

Verband deutscher Ölmühlen, Kronprinzenstr. 24, 5300 Bonn, Tel. 02 28/36 30 56.

Zeitschriften:

Oil World, ISTA-Verlag, Langenberg 23–27, 2000 Hamburg 90, Tel. 0 40/7 60 20 81. Internationale Statistische Informationen zum Thema.

Olivae, siehe oben International Olive Oil Council.

Raps, Th. Mann Verlag, Nordring 10, 4650 Gelsenkirchen, Tel. 02 09/3 74 31, Zeitschrift über Öl- und Eiweisspflanzen.

Wo nichts anderes vermerkt, handelt es sich um Adressen in der BRD.

Stichwortregister

Aberglauben 30
Abraham 12
Abschlagen 34
Achsenmächte 54
Adria 17
Ägäis 8f
Ägypten 9, 12, 37, 44ff
Ätherische Öle 19ff
Äthiopien 40
Afrika 10, 17, 37ff, 49, 56ff
Aither 19
Akropolis 13f
Algerien 11
Ali Baba 39
Alkohol 20
Allah 12
Altersdiabetes 25
Altes Testament 12
Amerika 40f, 49, 53, 63 (siehe auch
    USA)
Aminosäure 54
Anbaugebiete 16ff
Anden 46
Anilinfarbe 37
Anis 19f
Antike 9ff, 33, 44, 70
Apachen 59
Appetitlosigkeit 21
Apulien 17
Aquavit 20
Araber 45
Argentinien 11, 42, 45, 47, 55
Arizona 59
Aroma 31ff
Arteriosklerose 55
Asien 37ff, 52, 55, 58
Athene 12f
Attika 9, 13, 17
Australien 11
Auswaschen 50 (siehe auch
    Extraktion)
Avocado 30, 40
Avocadoöl 40f

Babbassu-Palme 58f
Babylon 38
Badeöl 9, 22
Baldrian 19f
Balkan 41
Bastkörbe 67ff
Bauchkrämpfe 9
Baumwolle 45f
Baumwollsaatöl 30, 45f, 62

Bergstrasse 38
Bestäubung 19, 32
Betäubungsmittel 21
Bibel 10, 12
Bindegewebe 26
Blähungen 21
Blutdruck 21f, 25
Blutgefässe 26
Bodenbedingungen 33
Brasilien 47, 49, 55
Brennstoff 50
Brennwert 26
Buddhisten 52
Butter 23, 26, 62, 64f

Cäsar 11
Carotin 26, 50, 58, 72
Chemikalien 36f, 40, 71
Chicha 46
Chile 11
China 11, 38, 40, 43, 45ff, 49f, 52ff
Chlorophyll 34f
Cholesterin 23ff, 45, 55
Citrus 20
Cointreau 20f
Columella 9
Cotton-Öl 46

David 10,12
Delikatess-Öl 37f, 55
Demokrit 14
Desodorierung 72
Destillieren 20
Deutschland 30, 34, 38, 44, 53f, 57,
    63f
Diät 25f, 44
Diätöl 30, 37, 48
Distelöl 37, 42
Drachenblütler 39
Druiden 14f
Duftstoffe 26
Durchblutung 22

Ecuador 46
EG 36
Eisen 55
Eisenzeit 8
Eiweiss 16, 26, 38, 48, 50, 54
Ekron 8
Energie 16, 26
England 53
Entsäuerung 72
Entschleimen 72
Epirus 17
Erdnuss 49f, 55, 62, 67
Erdnussbutter 49

Erdnussöl 30, 49f, 67
Erechteion 13
Ernährung 16, 20, 26, 30, 50, 54
Ernte 33f
Ertrag 33
Erucasäure 50
Essentiell 24, 30, 34
Essenzen 20
Eukalyptus 19, 21
Europa 41, 45, 46f, 49f, 56, 62f
Extra fein 34
Extraktion 40, 48, 50f, 55, 67ff
Extra vergine 34ff, 70
Extra vierge 34

Färberdistel 37
Farben 45
Farbstoff 69
Fein 34ff
Feinkost 55
Feinschmecker 26, 30, 40, 71
Fenchel 19
Fencheltee 21
Fernandez de Oviedo 49
Ferner Osten 46
Fett 16, 23ff, 48, 56, 62ff
Fettbegleitstoffe 48
Fettgehalt 29, 44, 68
Fettherstellung 62ff
Fettlöser 36
Fettsäuren 23ff, 34ff, 40, 43, 50, 54,
    72
Fischöl 65
Flachs 44
Ford, Henry 53
Frankreich 31, 35, 50, 57
Frantoio 34
Fritieren 40, 55

Garten Gethsemane 12
Gebäck 20, 40
Gesättigte Fettsäure 24ff, 40
Geschmacksstoffe 26, 72
Geschmacksträger 26, 35
Gesundheit 26f, 50
Gewindepresse 67ff
Gewürznelke 21
Gicht 21
Glycerin 24
Granada 17
Grand Marnier 20f
Grapefruit 20
Grenzmarkierung 9
Griechenland 9, 13f, 17, 30f, 38, 44
Griechische Mythologie 12ff
Guinea 58

Haarpflege 9, 59
Halsschmerzen 21
Haselnussöl 30, 38, 73
Haut 26, 41
Heilige Pflanzen 52
Heilmittel 44, 52
Heliotropismus 42
Herakles 14
Hermaphroditisch 32
Herzkrankheiten 27, 30, 52
Hexan 72
Höllenöl 35
Hülsenfrucht 54
Husten 20

Indianer 41, 46, 59
Indianerkorn 46
Indien 37f, 40, 43, 45f, 49f, 55f
Indigo 37
Indonesien 49, 55f
Industrieöl 30, 36
Inkas 46, 49
Insulin 25
Iran 38, 43
Iris 21
Isaak 12
Ischias 21
Isis 12
Israel 12, 40
Israel Oil Industry Museum 8
Italien 9ff, 17, 30ff, 55

Japan 11, 38, 52f
Jesus Christus 12, 44
Jod 55
Jojoba-Öl 59f
Judas 12
Jungfernöl 34, 70
Jungsteinzeit 8, 43f

Kaempfer, Engelbert 53
Kaiser Wilhelm 64
Kaiserstuhl 38
Kalifornien 11, 17, 38, 40
Kalium 54
Kalorien 26, 60, 62
Kaltgepresst 30, 34ff, 38, 39, 43,
    48f, 67ff
Kalzium 55
Kamille 21
Kampfer 21
Kanada 50
Karl der Grosse 43
Katastrophen 17
Keimabtrennung 72
Keime 29, 48

Kekrops 9
Kerne 29, 32, 38, 40, 42f, 50, 56, 58f
Keys, Ancel 30
Klassifizierung 36
Kleinasien 38
Knochenbau 26
Königsgräber 49
Kohlehydrate 16, 26, 48, 54
Kohlenstoff 23f
Kokosfett 56f, 62, 67f
Kokosnuss 56f
Kolonialherren 56, 66
Kolumbus, Christoph 11, 41, 46
Kopfschmerzen 21
Kopra 56ff
Koran 12
Korbblütler 37, 41f
Korinth 17
Kosmetik 9, 20ff, 30, 38, 41, 48, 60
Kreta 9
Kreuzblütler 50
Kuba 46, 49
Küche 20, 22, 30, 38, 40f, 69, 71
Kühlung 35, 73
Kukuruz 46
Kunstharz 45
Kupfer 55
Kürbiskernöl 30, 43f

Lacke 45, 55
Lagerung 73
Lavendel 19, 21
Lebensmittelindustrie 36, 47, 58
Lebertran 65
Lecithin 40, 44, 48, 50, 54, 69
Leinöl 44f, 73
Leinpflanze 44
Letzte Ölung 12
Libyen 9
Ligurien 17
Likör 19ff
Limetten 20
Linolsäure 23ff, 37ff, 40, 42ff, 48,
    50, 69
Lösungsmittel 36, 67ff
Lorbeerbaum 22

Magenbeschwerden 20, 52
Magnesium 55
Mais 46ff, 54, 62, 67
Maiskeimöl 46ff
Malaga 17
Malaysia 38, 56, 58
Malvengewächs 46
Mandarinen 20
Mandelöl 30, 38, 73

Mandschurei 53
Margarine 23, 30, 37, 45, 47, 52, 55,
    58f, 62ff
Marktordnung 36
Marokko 11, 38
Maschinelle Ernte 34
Mayonnaise 40, 55
Mège-Mouriès, Hippolyte 62ff
Menhire 14
Mesopotamien 44
Metallentfettung 37
Mexiko 11, 46f, 49, 56, 59
Migräne 20
Mineralstoffe 54
Minerva 14
Minos 9
Minze 19
Miscella 72
Mitochondrien 25
Mittelalter 38, 43
Mittelamerika 41, 43
Mitteldeutschland 43, 50
Mitteleuropa 37f, 43, 56
Mittelfein 34ff
Mittelmeer 17, 30, 40, 42, 73
Mohnöl 42f
Mohnpflanze 42f
Mondamin 46
Müdigkeit 22
Mumien 37, 44
Mundwasser 21
Muskatnuss 21
Muskelkater 9
Muskulatur 25
Myristica flagrans 21
Myrtengewächs 21
Mythologie 12

Nährstoffe 24, 26, 54
Naher Osten 17
Nahrung 26, 41
Napoleon 63
Natives Olivenöl 34f, 70f
Natrium 54
Naturheilmittel 20
Naturrein 34, 36, 70f
Neckargebiet 38
Neues Testament 12
Neue Welt 11
Neutralisation 72
Nigeria 40
Noah 12
Nordafrika 17
Nordamerika 17, 37f, 46
Norddeutschland 50
Norman, Wilhelm 64f

Ölbaumklima 17, 31
Ölberg 12
Ölgehalt 16, 30, 32, 39f, 48, 50f
Ölkürbis 43
Ölpalme 56ff
Ölproduktion 30ff
Ölrückstände 35
Österreich 43f
Oleomargarine 63
Oleum eucalypti 21
Olio extra vergine 34f
Oliven 7f, 30ff, 67ff
Olivenbaum/Ölbaum 7ff, 13ff, 17, 30, 33f, 44, 52
Olivenernte 30f, 33f
Olivenöl 12, 30ff, 50, 68
Olivenzweig 12f
Olympia 13
Opiate 42f
Orangen 20
Osiris 12
Ouzo 20
Oxidation 73
Oxidationsbeständig 50

Pagnol, Marcel 36
Pakistan 45f
Palästina 44
Pallas Athene 12ff
Palmen 56
Palmkernöl 58
Palmöl 55ff, 62
Papaver Somniferum 42
Parfüm 19, 21f
Paris 53
Parthenon 13f
Peloponnes 17
PER 36f
Pernod 20
Peru 46, 49
Pfalz 38
Pfefferminze 21
Pflanzenöl 55
Pflanzliche Fette/Öle 24ff, 29ff, 62, 64f
Pharmaindustrie 20, 47, 59
Philippinen 49
Phönizier 9
Phosphate 48
Phosphor 55
Photochemische Reaktion 73
Photosynthese 16
Phototropismus 42
Plinius 20
Plutarch 11
Polen 50

Poseidon 13
Pottwal 59
Pressung 34ff, 38, 44, 46, 48, 51, 55, 58, 63, 67ff
Priesterweihe 12
Prima spremuta 35, 70
Prostaglandine 25
Protein 48, 54, 72 (siehe auch Eiweiss)
Provitamin 26, 58

Raffination 30, 34ff, 40, 43, 48, 50f, 55, 67ff
Raki 20
Rapsöl 30, 50f, 62
Ravenna 17
Reines Olivenöl 36
Rheumatismus 21
Rohkost 40, 43
Römer 9, 14, 21, 44
Romulus & Remus 14
Rosenöl 21
Rosmarin 19, 22
Rübsöl 30, 50f
Rückstände 50, 51, 70ff
Rumänien 42
Russisch-japanischer Krieg 53

Saaten 29, 37, 67ff, 72
Safran 37
Salbe 20f
Salbei 19
Salomon 10
Samariter 12
Samen 19, 29, 32, 39, 42f, 44ff, 59f, 69
Samuel 12
Sauerstoff 26, 49, 72f
Sehkraft 26
Seifenherstellung 50
Sesamöl 38f, 67
Setsebu 52
Sheherazade 38
Shen-Nung 52
Sierra Alahama 17
Sinai 12
Sizilien 11, 45
Skandale 36
Soja (sou, soy, soya, Soybean) 52ff, 62
Sojaöl 30, 52ff, 67
Sonnenbestrahlung 16, 42, 54, 68, 73
Sonnenblumenöl 38, 41ff, 54, 62
Sonnengürtel 16

Sowjetunion 41, 45f (siehe auch UdSSR)
Spanien 17, 30, 45
Speiseöl 30, 34, 55, 59
Spurenelemente 32, 54
Sri Lanka 22, 56
Sudan 40
Südafrika 11, 40, 47
Südamerika 17, 38, 41, 49, 53, 56, 58
Südeuropa 30, 37f, 43, 56
Südfrankreich 9, 11, 17, 31, 33
Südostasien 17, 58
Südosteuropa 42, 47
Südsee-Inseln 56
Süssspeisen 40, 43
Süsswaren 58

Schadstoffe 72
Schlaflosigkeit 20f
Schleimstoffe 45, 69, 72
Schmalz 23, 25f, 62
Schmetterlingsblütler 49, 54
Schmiermittel 50, 55
Schnaps 19f
Schneckenpresse 67ff
Schönheitspflege 21 (siehe auch Kosmetik)
Schnupfen 20f
Schwermetall 72

Steiermark 44
Steirisches Bauernkernöl 43
Sterilisieren 58
Stoffwechsel 26f
Stress 20

Tabaksamenöl 43
Tafelöl 30
Tafeloliven 30, 33
Taoisten 52
Tausendundeine Nacht 39
Tee 19ff
Tel Mique 8
Temperatur 17, 23, 26, 33, 40, 50, 68ff, 73
Thrombose 25
Thymian 22
Thyrrhenisches Meer 17
Tierische Fette 23ff, 62
Tiernahrung 55, 72
Tofu 52f
Toskana 17, 33
Traubenkernöl 30, 40
Trockenheit 33, 39, 50, 59
Trocknung 34, 72
Türkei 31, 43

Türkischer Weizen 46
Tunesien 11, 31

UdSSR 17, 41f, 43, 47
Übergewicht 26
Uganda 40
Ukraine 41
Ungarn 40
Ungesättigte Fettsäure 23ff, 38, 40,
    44, 50, 65, 73
Urwald 58f
USA 42, 45f, 54f
US-Kongress 59

Vakuum 72
Van Gogh 15
Venezuela 40
Vergine 35, 70f
Verpackung 73

Verseifen 72
Verunreinigungen 72
Viehfutter 50f
Vinaigrette 40
Vitamine 24ff, 34, 38, 40, 42, 48f,
    50, 54f, 69, 72f
Vollwerternährung 37
Vorderasien 38, 43

Wärmepressung/Warmpres-
    sung 35, 39, 67ff
Wal 65
Walnussöl 30, 37f, 73
Wasserdampf-Destillation 72
Wasserhaushalt 25
Weizenkeimöl 37, 48f, 73
Weizenkorn 48
Welschkorn 46
Wendekreise 16

Wirtschaftsblockade 54
Würze 21
Wundpflege 60

Xerxes 14

Yucatan 46

Zahnfleischbeschwerden 9, 21
Zahnpasta 21
Zahnschmerzen 21
Zentrifuge 35, 40, 70, 72
Zeus 12f
Zimtöl 22
Zitronen 20
Zweite Pressung 70f
Zweiter Weltkrieg 54

Bildnachweis

Unser besonderer Dank gilt:

American Soybean Association, Hamburg: Seite 53, 55, 74.

AT Verlag, Aarau: Seite 18, 19, 20, 21, 22, 29, 38, 40, 43, 44, 48, 50, 53, 75.

CMA, Centrale Marketinggesellschaft der deutschen Agrarwirtschaft, Bonn:
Seite 97.

Informationsgemeinschaft Olivenöl, München: Seite 27, 31, 32, 72, 73.

Margarine-Institut für gesunde Ernährung, Hamburg: Seite 6, 7, 8, 9, 10, 16, 17,
23, 25, 28, 29, 31, 33, 34, 36, 37, 39, 41, 42, 45, 46, 47, 49, 50, 51, 52, 56, 57, 58,
59, 60, 62, 63, 64, 65, 66, 67, 68, 69, 70, 71.

Staatliche Sammlung Ägyptischer Kunst, München: Seite 12.

vgs verlagsgesellschaft, Köln: Seite 40, 48, 61.

Union Deutsche Lebensmittelwerke, Hamburg: Seite 81, 85, 88, 89.

Völkerkunde-Museum, Berlin: Seite 13.

Wir bedanken uns weiterhin bei allen Herstellern und Produzenten für ihre
Hilfe und Mitarbeit, besonders bei:

Fauser, Vitaquell, Hamburg; Maizena, Heilbronn; Homann, Dissen und
Schneekoppe, Gelsenkirchen.